O PROBLEMA É SEU

A SOLUÇÃO É NOSSA

Copyright© 2016 by Literare Books International
Todos os direitos desta edição são reservados à Literare Books International.

Presidente:
Mauricio Sita

Capa e projeto gráfico:
Cândido Ferreira Jr.

Diagramação:
David Guimarães

Revisão:
Débora Tamayose

Gerente de projetos:
Gleide Santos

Diretora de operações:
Alessandra Ksenhuck

Diretora executiva:
Julyana Rosa

Relacionamento com o cliente:
Claudia Pires

Impressão:
Rettec

```
Dados Internacionais de Catalogação na Publicação (CIP)
       (Câmara Brasileira do Livro, SP, Brasil)

       Sita, Maurício
          O problema é seu, a solução é nossa / Maurício
       Sita. -- São Paulo : Literare Books
       International, 2016.

          ISBN 978-85-9455-012-5

          1. Administração de empresas 2. Coaching
       3. Empreendedorismo 4. Estratégia empresarial
       5. Negócios - Planejamento 6. Solução de problemas
       I. Título.

 16-07192                                        CDD-658.4
              Índices para catálogo sistemático:

          1. Plano de ação : Administração de empresas
             658.4
```

Literare Books International
Rua Antônio Augusto Covello, 472 – Vila Mariana – São Paulo, SP
CEP 01550-060
Fone/fax: (0**11) 2659-0968
site: www.literarebooks.com.br
e-mail: literare@literarebooks.com.br

O problema é seu, a solução é nossa

Ao se deparar com um título como esse, o que vem a sua mente é que encontrou a tão sonhada fórmula mágica? Pois bem, para tanto, antes vamos falar um pouco de problema.

Em relação ao que alguns autores dizem sobre o problema ser do tamanho que você o coloca, concordo em partes com eles, visto que sempre que pensamos e falamos sobre algo que nos tira o sono, que nos impede de progredir, algo que nos faz pesar muitas e muitas vezes antes de tomar alguma decisão, sempre focamos na possível solução ou na que talvez seja mais cômoda ou viável naquele momento.

Ao concordar com a afirmativa acima, acredito que, antes de focar na solução, devemos sim estudar e destrinchar o problema, buscando entender a atual situação que levou a ele, os porquês, fazer uma análise pormenorizada do problema em si, deixando de lado a solução, mesmo que sua mente sempre busque levá-lo a ela. Ao pensar na solução, o que obtemos é um tratamento paliativo, e não um definitivo, e, mais cedo ou mais tarde, o problema voltará e, quem sabe, potencializado.

Após esses esclarecimentos, podemos partir para a essência desta obra, na qual reunimos especialistas que discorrerão sobre assuntos que estão em voga, temas com que nos deparamos e em relação aos quais nos sentimos de pés e mãos atadas, sem saber para onde correr.

Sugiro que leia cada capítulo de forma a "degustar" cada informação e, com base em uma análise fria, comece a realizar ações que gerem resultados. Ao se deparar com algum problema, pense em como gostaria que ele fosse solucionado; em seguida, faça todo o estudo do que tira seu sono e, assim, trace ações eficazes e cirúrgicas para a tomada de decisão em relação ao seu plano de ações. Ação é a palavra de ordem, mas não sem planejamento específico, pois ao não se preparar para uma caminhada, ela não será concluída.

Deixe de lado tudo que tenha feito em relação à abordagem dos seus problemas e tome novas decisões, procure olhá-los de cima, saia do enredo e observe de fora; quem são os envolvidos, o que vem lhe causando, quem poderia ajudá-lo a solucioná-los. Assim você vai encontrar ferramentas, pessoas e caminhos para o êxito. Se mesmo assim ainda não conseguir encontrar uma solução, faça uma autorreflexão e procure algum momento de sua vida em que você tenha se deparado com algo semelhante e se lembre de como você atuou diante do ocorrido, quais foram suas "ferramentas", ações, atitudes e quem o ajudou nesse momento. Lembre-se: tudo visto por outro ângulo ou mesmo por outra pessoa pode ser diferente e não ter o valor tão grande que nos acostumamos a atribuir a nossos problemas.

Desejo que a leitura desta obra possa contribuir para seu engrandecimento pessoal, profissional e espiritual, que você possa viver esta viagem que chamamos de vida da melhor forma possível, com saúde, prazer e, é claro, com problemas resolvidos dentro do tempo determinado. Que a tranquilidade possa estar dia após dia em seu coração.

Sinceros agradecimentos,
Emanoel Lourenço

sumário

1 Encorajamento e autoconfiança
Alex de Mattos — p. 7

2 Gerencie seu tempo, produza com inteligência
Alexandre Gaboardi — p. 21

3 Resgatando o seu poder
Andrea Chade — p. 33

4 A tríade do sucesso sustentável: eneacoaching e sua aplicação
Danielle Silva — p. 41

5 Prosperidade: um sonho desejado por muitos
Fatima Homem — p. 53

6 Gestão do estresse e mindfulness
Fernanda Deligenti — p. 67

7 Coaching sistêmico
Hercules Randazzo — p. 81

8 Líderes e gestores de alta performance
José Marcone — p. 95

9 Demissão: uma reflexão para líderes e liderados
Laura Pacheco — p. 111

10 Como usar suas competências e seus talentos como mãe e/ou profissional
Luciana Aparecida Ramos — p. 125

Sumário

11 Conheça-se e conquiste um futuro profissional de sucesso!
Maira Ivete — p. 143

12 Inconsciente - Sua programação para o sucesso ou fracasso
Marcio Contreras — p. 157

13 Crenças limitantes
Nívea Zamarian — p. 171

14 Engajamento
Nívea Zamarian — p. 181

15 Maximize seus resultados por meio da roda da abundância
Silvia Sarmento — p. 193

16 Proposta de valor
Soraia Ghonaim — p. 205

17 Disclose – estado desejado de divulgação
Suênia Machado Ribeiro — p. 215

1

Encorajamento e autoconfiança

Você já deixou de realizar um sonho por causa do medo? Já recusou desafios por acreditar que poderia não dar conta de superá-los? Pois é, o baixo nível de autoconfiança tem sequestrado os sonhos de muitas pessoas, prendendo-as em suas zonas de conforto, comprometendo seus resultados e adiando seus projetos. Convido você a entender como mudar, de uma vez por todas, essa situação

Alex de Mattos

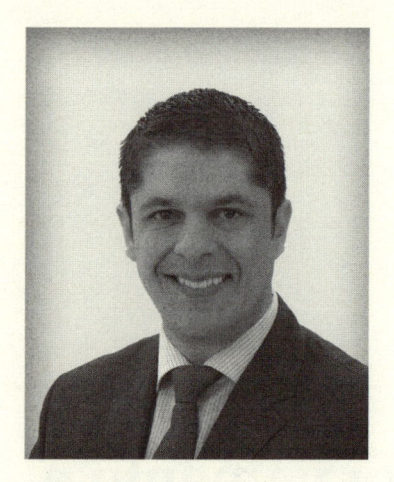

Alex de Mattos

Master coach executivo e de negócios, *alpha analyst*, especialista em Psicologia Positiva e Performance Corporativa para Times, Executivos e Empresas pela Sociedade Brasileira de Coaching (BCI) e pela Worth Ethic Corporation, Estados Unidos. Possui ainda a certificação internacional *Humanistic Master Coach* - IHCOS® - Nº: 3FD9440B3AE (Alemanha) e membro da ECA (European Coaching Association) - Nº: CIC16BELO52P. Formado em Marketing, desenvolve atividades de assessoria empresarial, treinamentos, palestras e *workshops* com foco no desenvolvimento humano e em competências para aumentar os resultados positivos. É também coautor do livro Condicionados para o sucesso (Editora Kelps).

Contatos
www.alexdemattos.com.br
contato@alexdemattos.com.br
facebook.com/alexmattoscoach
(55) 9134-6368

Autoconfiança

Antes de tratar do encorajamento, vamos falar da autoconfiança, pelo simples fato de que, segundo minha visão e experiência, você não pode dar o que não tem, ou seja, você não terá condições de encorajar pessoas se seu nível de autoconfiança não estiver elevado.

A autoeficácia é a crença que a pessoa tem de sua própria capacidade de cumprir determinados objetivos. No momento em que o ser humano decide acreditar, seu sentimento de autoeficácia vai se consolidando – seja no campo otimista, para realizar, empoderar e manter a motivação; seja no campo pessimista, para limitar, impedir e protelar planos –, dependendo de onde ele deposita sua crença.

Potencializar nossa autoeficácia, atrelada às demais abordagens, vai impactar profunda e definitivamente nossa autoconfiança.

Para Albert Bandura, professor de Psicologia da Universidade Stanford, na Califórnia, Estados Unidos, em sua teoria da autoeficácia (Self-Efficacy Theory), autoeficácia é a crença que uma pessoa possui em sua capacidade de apresentar os níveis de performance necessários para levar até o fim determinado curso de ação e, com isso, atingir determinado resultado.

A autoeficácia refere-se ao modo como uma pessoa julga sua própria capacidade. Trocando em miúdos, é a crença em sua capacidade de alcançar objetivos.

A autoeficácia afeta o modo como o indivíduo pensa, sente e age. Outra característica importante é que ela não é genérica, ou seja, uma pessoa pode ter diferentes níveis de autoeficácia em diferentes domínios de sua existência. É possível, por exemplo, que um profissional com elevado alto grau de autoeficácia no que se refere às suas atividades profissionais apresente baixo grau de autoeficácia no que diz respeito aos seus desafios como pai e marido. Contudo, para otimizar seu funcionamento, é necessário que ele desenvolva bons níveis de autoeficácia nos diferentes domínios da existência.

O termo autoeficácia refere-se à crença da pessoa de que ela pode realizar conquistas e ser bem-sucedida. Essas expectativas são desenvolvidas no decorrer de nossa vida por meio de nossas experiências, das experiências de outros (das quais tomamos conhecimento), das experiências imaginárias, das persuasões verbais (o que dizemos aos outros e o que nos dizem) e dos nossos estados emocionais e psicológicos. Quando a pessoa possui forte crença em sua própria capacidade, ocorre uma redução dos obstáculos que a separam do objetivo. Por esse motivo, uma pessoa com elevado nível de autoeficácia sente-se mais confiante em relação às suas habilidades e, por isso, consegue usar suas forças de forma mais plena.

Para evitar confundir o significado de autoeficácia, autoestima, autoconceito e autoconfiança, vamos detalhar cada uma.

- A autoeficácia diz respeito ao modo como uma pessoa julga sua própria capacidade.
- A autoestima refere-se ao modo como uma pessoa percebe seu próprio valor.
- O autoconceito refere-se à imagem que uma pessoa forma de si mesma com base em suas próprias experiências e no *feedback* dos outros.
- A autoconfiança é a soma da autoeficácia, da autoestima e do autoconceito.

É possível elevar nossa autoconfiança?

De acordo com Bandura, a crença em sua capacidade de atingir objetivos pode ser desenvolvida por meio de técnicas que atuam sobre quatro principais fatores que a influenciam.

1. Domínio das experiências – o modo como a pessoa interpreta o resultado de suas próprias ações.

2. Experiências indiretas – observar como outras pessoas atuam (modelagem/aprendizado social).
3. Persuasão social – *feedback* e encorajamento (o que os outros falam).
4. Estados emocionais – emoções e sensações que a pessoa experimenta quando contempla ou realiza determinada ação. Por exemplo, sentir-se entusiasmado diante de um desafio aumenta a crença em si mesmo, ao passo que se sentir ansioso a reduz.

Após entender como isso tudo funciona, vamos a um exercício prático. Mas, atenção, só faça este exercício se você quiser aumentar a crença na sua eficácia.

1. Liste abaixo algumas mudanças positivas e importantes que você realizou em sua vida. Pode ser em qualquer área da vida, mas que seja uma mudança positiva, não importa há quanto tempo você a tenha feito.

_____
_____
_____
_____

2. Agora, releia acima a lista que você fez. Escolha a mudança positiva que representou seu maior desafio. Depois, responda:

- Quando e por que você começou a pensar em realizar essa mudança?
_____
_____
_____

- O que estava acontecendo em sua vida naquela época?
_____
_____
_____

- Você realizou a mudança de uma vez ou em pequenos passos? Quais foram esses passos?

  _____
  _____
  _____

- Liste as coisas que mais o ajudaram a obter sucesso nessa mudança (suas forças, suas crenças, seus recursos, seus comportamentos, suas atitudes, suas estratégias, seus valores…).

  _____
  _____
  _____

- Como você se sente hoje quando pensa nessa mudança?

  _____
  _____

Após esse exercício, responda:

- Qual é o seu sentimento neste exato momento, após concluir o exercício?

  _____
  _____
  _____

Neste ponto, já trabalhamos a crença em sua capacidade e como você pode elevá-la por meio do exercício proposto.

Como uma pessoa julga seu próprio valor e quanto sua percepção está desenvolvida pode potencializar a autoestima e empoderar o ser humano.

A autoestima está ligada à maneira como olhamos para dentro de nós e enxergamos nossas crenças, nossas virtudes e nossos valores e à forma como reconhecemos de fato esse conjunto de atributos. Assim, podemos concluir que o primeiro passo é trabalhar nossa maneira de pensar para mudar o modo como valorizamos nossos recursos internos.

Uma vez que nossa autoeficácia é potencializada, o reforço positivo que recebemos no que se refere a valorizar nossas competências cresce e expande-se.

O ser humano passa por diversas situações em sua vida, momentos de intenso prazer e contentamento e momentos desafiadores, tristes e deprimentes. Você já deve ter ouvido alguém falar que não é o que acontece na vida que molda a pessoa, mas sim a maneira como ela reage ao que acontece. Por isso, tanto a autoestima quanto o autoconceito estão diretamente ligados à maneira como você está reagindo às diversas situações em sua vida.

Neste ponto, a resiliência torna-se um aliado poderoso nesse processo.

Resiliência e otimismo

A resiliência é um conceito que vem da física. Trata-se da capacidade que alguns materiais têm de acumular energia quando submetidos à pressão e, depois de absorver o impacto, voltar ao estado original sem deformação, como se fossem elásticos. No comportamento humano, a resiliência é a habilidade de superar adversidades sem ser afetado por elas de modo negativo e permanente – por isso ela está muito ligada ao otimismo. Um traço comum encontrado nas pessoas resilientes e otimistas é a tolerância às mudanças. Elas entendem que os imprevistos fazem parte da rotina e, por isso, não perdem o controle diante da primeira dificuldade.

Em virtude de suas crenças e sua forma de ver o mundo, os otimistas adotam uma visão equilibrada ao encarar os problemas. A maneira como eles explicam os acontecimentos baseiam-se na ideia de que as adversidades são temporárias, localizadas e fazem parte da vida.

De acordo com Martin Seligman, psicólogo norte-americano, as pessoas que costumam desistir facilmente tendem a adotar duas crenças principais: "O problema sou eu, essa situação nunca vai mudar e vai afetar todas as minhas outras ações". Essa crença costuma criar um círculo vicioso de pensamentos negativos – o pensamento pessimista gera ainda mais limitações para mudar o padrão de pensamento – e pode levar à depressão.

Já as pessoas que são resistentes diante das adversidades tendem a ter outra forma de ver o mundo. "São as circunstâncias que geraram esse problema, ele será resolvido logo e, além disso, há muito mais na vida que somente isso."

São justamente as crenças que adotamos diante das dificuldades que determinam o nosso otimismo e, consequentemente, o nosso sucesso ou fracasso e o nosso bem-estar ou mal-estar. Por isso, a forma mais eficaz de melhorar seu otimismo é transformar seu modo de ver os acontecimentos, deixando de enxergá-los como internos, permanentes e universais e passando a entendê-los como externos, temporários e específicos.

Segundo Seligman, essas formas de ver e explicar os acontecimentos determinam a postura da pessoa diante das situações difíceis e, por isso, determinam a motivação que ela terá para enfrentá-las.

Quando acontecimentos ruins ocorrem, a pessoa tende a explicar o fato de duas formas possíveis: culpa a si mesma (internalizando) ou culpa outras pessoas ou circunstâncias (externando). Pessoas com baixa autoestima costumam culpar a si mesmas pelo ocorrido, o que tende a desmotivá-las ao enfrentar os desafios, visto que não acreditam em sua própria capacidade de enfrentá-los.

Já pessoas com explicações externas para os acontecimentos tendem a ter a autoestima mais elevada. Elas são otimistas por se considerarem capazes perante os obstáculos, de modo que, quando falham, dificilmente se culpam pelo ocorrido.

Com base no princípio de que nossos sentimentos não são causados pelos eventos, mas pela interpretação que damos a eles, proponho o exercício abaixo para aumentar sua resiliência e seu otimismo:

> **Pegue uma folha em branco e responda às questões a seguir.**

Pense em uma situação
Descreva o que aconteceu de modo objetivo, sem envolver

opiniões, sentimentos ou avaliações. Concentre-se nas seguintes perguntas:
- O que aconteceu?
- Onde?
- Quando?
- Quem participou?

Interpretando
Relate agora o modo como você interpretou os fatos. O que você acha que aconteceu? Descreva seus pensamentos e suas conclusões sobre os eventos. Você pode completar as frases a seguir:
- "Eu disse a mim mesmo que..."
- "Isso só poderia significar que..."

O que aconteceu depois?
Descreva o modo como você se sentiu e o comportamento ou atitude que adotou em resposta a essas emoções. Para isso, complete a frase:
- "Eu me senti tão... (emoções) que acabei... (fazendo, agindo, dizendo...)."

Como poderia interpretar?
Agora, encontre uma explicação/interpretação diferente para o evento – positiva, porém plausível. Por exemplo:
- Interpretação inicial – "Ele agiu com mau humor porque tinha alguma coisa contra mim".
- Interpretação alternativa – "Ele agiu com mau humor porque talvez tenha tido um dia ruim".

Ressignificando...
Descreva agora as emoções que a explicação alternativa causa em você. Que comportamentos ou atitudes essas novas emoções lhe inspiram?

Como vimos, pessoas de sucesso e que desfrutam bem-estar exploram fatos de maneira inteligente, interpretando-os como eventos isolados e temporais. Com isso, reforçam sua autoeficácia, desenvolvendo, assim, sua resiliência e seu otimismo, o que afeta diretamente sua autoestima, pois eleva sua energia e seu amor próprio e traz ao nível do consciente suas qualidades, suas virtudes, fazendo com que elas enxerguem seu real valor. A visão externa, somada a essa percepção mais apurada, faz a pessoa ter um autoconceito elevado e reforça a sua crença de autoconfiança para entrar em ação, enfrentar os desafios propostos e, até mesmo, superar as dificuldades encontradas.

Desenvolver a autoconfiança é um exercício que deriva da ação diária e consistente; e, com base na teoria de que o êxito gera êxito, proponho a seguinte reflexão, descrevendo sem limitações:

> **O que você faria se tivesse o dobro da sua atual autoconfiança? O que você seria capaz de realizar se sua autoconfiança fosse multiplicada por cinco?**

Agora, pergunte-se e responda honestamente:

> **O que me impede, de verdade, de realizar o que quero?**

Desejo

Compartilho com você algo que tenho encontrado não só na literatura, mas na vida como profissional. São exemplos de pessoas que venceram e realizaram seus sonhos. Observando atentamente, encontramos alguns padrões de comportamento, entre eles, o de ter metas, sonhos e objetivos muito bem definidos. Sugiro que, numa nova folha em branco, você faça uma lista, como esta abaixo, deixando sua imaginação e seu desejo livres para atuar.

Passo 1: relacione suas metas, seus sonhos, seus planos, seus desejos e seus objetivos.

Passo 2: atribua uma categoria – por exemplo: pessoal, profissional, financeiro, familiar, relacionamentos, etc.

Passo 3: defina um prazo para cumprir esse objetivo – por exemplo: curto prazo (de um a três anos), médio prazo (de três a cinco anos) e longo prazo (de cinco a vinte anos).

Uma dica extra: não se economize. Sonhe.

Exemplo:

Item	Categoria	Prazo
Viajar pela Europa	Qualidade de vida	Médio prazo
Fazer uma especialização	Intelectual	Curto prazo
Trocar de carro	Pessoal	Curto prazo

Após esse passo, você está pronto para buscar suas metas e seus sonhos. Provavelmente, você sentirá medo, ou não, certo?

Eu o entendo perfeitamente. O medo aparece porque estamos em nossa zona de conforto, seguros e, numa primeira interpretação, acomodados.

Não importa em que consiste sua zona de conforto, você paga um preço alto por ela. A vida oferece infinitas possibilidades, mas com elas vem a dor. Se você for incapaz de tolerar a dor, será incapaz de viver plenamente. Há muitas variações disso. Se você é tímido e evita as pessoas, perde a vitalidade que acompanha um senso de comunidade. Se você é criativo, mas não tolera críticas, evita vender suas ideias para o mercado. Se você é um líder, mas não consegue confrontar as pessoas, ninguém o seguirá.

A suposta finalidade da zona de conforto é manter sua vida segura, mas o que realmente faz é mantê-la limitada.

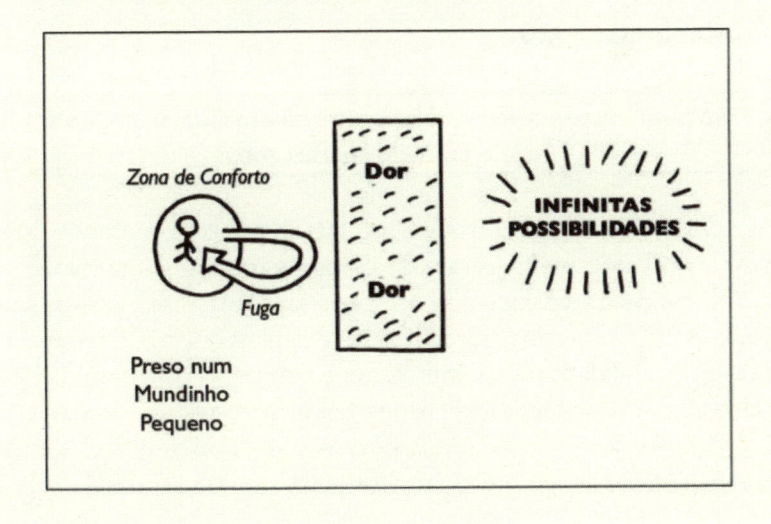

A maioria de nós é como o bonequinho da figura, preso na zona de conforto. Para tirar vantagem das infinitas possibilidades que a vida nos oferece, temos de nos aventurar a sair. A primeira coisa que encontramos é a dor. Sem uma maneira de superá-la, corremos de volta para o lugar onde nos sentimos seguros. Isso está representado pela seta que sai, se aproxima da dor e volta. Com o tempo, desistimos de sequer tentar escapar da zona de conforto e, assim, nossos sonhos e aspirações mais queridos são perdidos.

Uma boa notícia: a dor não é absoluta. O modo como se experimenta a dor muda de acordo com a maneira como você reage a ela. Quando você avança em direção a ela, a dor encolhe. Quando se afasta dela, a dor cresce. Como um monstro num sonho, se você foge da dor, ela o persegue. Se você confronta o monstro, ele vai embora.

É por isso que o desejo é crucial. Ele faz com que você continue avançando em direção à dor. Você não está desejando a dor porque é masoquista; está desejando a dor para poder encolhê-la. Quando estiver confiante de conseguir fazer isso sempre, é porque dominou seu medo da dor. Uma vez que o desejo o coloca em movimento, você avança em direção à dor, ela encolhe e torna-se menos intimidadora. Você agora pode atravessá-la para entrar num mundo expandido, de infinitas possibilidades.

Encorajamento

> **Se tudo funcionasse perfeitamente na sua vida, o que você estaria fazendo em dez anos?**

Essa pergunta nos convida a sonhar um pouco, a pensar no que realmente é importante para nós e como isso pode guiar nossa vida.

Segundo o psicólogo Richard Boyatzis, "Falar sobre nossos sonhos e objetivos positivos ativa centros cerebrais que nos abrem para novas possibilidades. Mas se mudamos a conversa para o que deveríamos fazer para nos consertarmos, nos fechamos".

Para Boyatzis, se, por um lado, o foco em nossos pontos fortes nos incentiva a seguir rumo a um futuro desejado e estimula a abertura a novas ideias, pessoas e planos, por outro, dirigir a atenção a nossas fraquezas provoca um senso defensivo de obrigação e culpa, fechando-nos para o mundo.

O foco positivo mantém a alegria no treinamento e na aprendizagem – o motivo pelo qual até mesmo os atletas e os artistas mais experientes ainda gostam de ensaiar seus movimentos. "Precisamos do foco negativo para sobreviver, mas de um foco positivo para prosperar", diz Boyatzis. "Precisamos dos dois tipos de foco, mas na proporção certa."

Seria bom se a proporção pendesse muito mais para o positivo do que para o negativo.

Em um estudo, Marcial Losada, psicólogo organizacional, estudou as emoções de equipes comerciais de alto desempenho. Ao analisar centenas de equipes, Losada determinou que os mais competentes tinham uma proporção positivo/negativo de pelo menos 2,9 bons sentimentos para cada momento negativo (há um limite máximo para a positividade: acima de uma razão Losada de cerca de 11:1, as equipes aparentemente ficam eufóricas demais para serem competentes). A mesma faixa de proporção aplica-se a pessoas que prosperam na vida, segundo pesquisa realizada por Barbara Fredrickson, psicóloga da Universidade da Carolina do Norte.

Meu objetivo era fundamentar e trazer exemplos, ferramentas e técnicas para você desenvolver sua autoconfiança e seu encorajamento.

Espero que essas informações colaborem para que você possa, de fato, criar a coragem necessária para realizar seus sonhos.

> **Quando você vence o medo, sente-se livre.**
> **(Quem mexeu no meu queijo)**

Acompanhe-me nas redes sociais e, se precisar de ajuda, faça contato. Será um prazer apoiar você.

Um grande abraço, boas realizações e muito sucesso!

2

Gerencie seu tempo, produza com inteligência e tenha uma vida com mais propósito

Gerenciar o próprio tempo e ser produtivo são habilidades fundamentais para alcançar o sucesso pessoal e profissional. Descubra como gerar mais resultados, otimizar esforços e ter tempo livre em um mundo cada vez mais corrido e automatizado

Alexandre Gaboardi

Alexandre Gaboardi

Empresário, palestrante, escritor e *coach* profissional, membro da Sociedade Brasileira de *Coaching*, licenciada pelo Behavioral Coaching Institute (BCI) e reconhecida pelo Internacional Coaching Council (ICC). Graduado em Engenharia, possui MBA em Gestão Estratégica de Negócios pela Faculdades Metropolitanas Unidas (FMU) e pós-graduação em *Coaching* e Liderança pela Universidade Católica Dom Bosco (UCDB). É CEO e fundador da Treinna Coaching – Consultoria e Treinamentos Ltda., idealizada para que as pessoas alcancem resultados excepcionais por meio do processo de *coaching*. Com 17 anos de experiência no mundo corporativo, no qual exerceu cargos de liderança, especializou-se em Desenvolvimento Humano e atualmente ministra palestras sobre mudança comportamental, performance, gestão do tempo e produtividade. Realiza processos de *coaching*, atendendo pessoalmente em seu escritório em São Paulo ou on-line.

Contatos
www.coachingtreinna.com.br
www.alexandregaboardi.com.br
gaboardi@coachingtreinna.com.br
(11) 99994-6605

Alguma vez você já teve a sensação de que o ano estava passando rápido demais? Que o seu dia precisaria ter mais de 24 horas para dar conta de todas as atividades? Alguma vez você já fez uma lista de tarefas para o fim de semana ou para as férias e, quando voltou a trabalhar, viu que não cumpriu nem a metade dela? Já se sentiu atolado de serviço, sem tempo para ficar com a família e fazer o que gosta?

Se você respondeu sim às perguntas acima, saiba que esses problemas não são exclusivamente seus; ao contrário, eles atingem a maioria das pessoas, ainda mais nos dias atuais, em que os avanços tecnológicos nos permitem acesso farto e instantâneo a todo tipo de informação. Hoje somos o tempo inteiro bombardeados por notícias, solicitações, redes sociais... Estamos sempre conectados a tudo e a todos. As pessoas tornaram-se multitarefa e vivem rodeadas de distrações que lhes tiram o foco e as fazem perder tempo, tornando-se improdutivas.

Mas a boa notícia é que ser produtivo e saber gerir o próprio tempo não é um dom, ou seja, não é preciso que você nasça com ele senão está fadado ao fracasso. Gestão de tempo e produtividade são habilidades e, como qualquer habilidade, pode ser adquirida com conhecimento, prática e repetição!

Não estou falando aqui apenas de aplicativos que nos auxiliam na organização de e-mails, nos lembram de tarefas e controlam nossa agenda. Isso tudo ajuda, é claro, mas são ações relacionadas mais à organização individual. Para uma mudança mais consistente, duradoura e eficaz, é necessário mudar nosso modo de pensar e, consequentemente, nosso modo de agir. A partir de novos comportamentos podemos produzir mais, obter mais resultados, administrar melhor o nosso tempo e ter mais equilíbrio em todas as áreas de nossa vida.

Gestão do tempo

Pouco tempo atrás, em uma palestra que realizei, pedi aos participantes que escrevessem em um papel o que gostariam de ter mais por acharem que tinham pouco. A pergunta era exatamente a seguinte: "O que eu quero ter em maior quantidade porque não tenho o suficiente?". Alguns responderam saúde, outros tantos disseram dinheiro... mas a maioria das pessoas respondeu que gostaria de ter mais TEMPO.

O tempo é um dos recursos mais importantes que existem, no entanto, muitas vezes, não lhe é dado o devido valor, pois quase nunca paramos para pensar e analisar de que forma poderíamos aproveitá-lo melhor.

Eu costumo dizer que o tempo possui três características muito peculiares: é extremamente democrático, é irrecuperável e tem valor imensurável. Explicarei melhor...

• Diferentemente de outros recursos que muitas vezes são "distribuídos" de forma diferente dependendo da cultura, da idade, da condição social, etc., o tempo é exatamente o mesmo para todas as pessoas. A cada dia, ricos e pobres, jovens e idosos, brasileiros e japoneses, todos dispõem das mesmas 24 horas. Quando uma pessoa diz, por exemplo, que não tem tempo para estudar ou exercitar-se, é porque ela escolheu outras atividades para realizar dentro de suas 24 horas, o que faz com que não lhe sobre tempo. No entanto, essa pessoa não possui menos tempo do que alguém que estuda e exercita-se... apenas as suas escolhas são diferentes. No fundo, tudo se resume às prioridades. Portanto, defina quais atividades são prioridades em sua vida e encaixe-as dentro de suas 24 horas diárias.

• Ao contrário de dinheiro, que você pode perder e depois recuperar em outro investimento, ou então uma amizade, que pode se desfazer e depois se reconstruir, o tempo é um recurso irrecuperável. Seria muito bom se pudéssemos voltar no tempo, não é mesmo? Reviver bons momentos... ou então corrigir alguns erros do passado... mas infelizmente isso não é possível. Às vezes escuto pessoas dizerem em algumas situações, geralmente ao iniciarem uma nova atividade: "Vou recuperar o tempo perdido". Na verdade, o que elas podem fazer é tomar a decisão de começar a agir e parar de perder tempo a partir daquele momento; no entanto, o tempo perdido não se recupera! E o simples fato de termos sempre em mente que o tempo gasto não volta mais já é suficiente para sermos mais cuidadosos ao escolher com o que gastaremos nossos preciosos minutos e segundos.

• O tempo é um recurso que não conseguimos mensurar ou quantificar seu valor. É possível medir o tempo em si (dias, horas, minutos, segundos), mas não conseguimos determinar um valor monetário para ele. Por exemplo, suponhamos que o tempo fosse como um produto, possível de ser comprado, vendido, trocado e negociado, se alguém com muito dinheiro quisesse comprar alguns anos de sua vida, você venderia? Você aceitaria viver três, cinco ou dez anos menos em troca de algum valor? Provavelmente não, certo? Imagine então a situação contrária... Se tempo fosse um produto e você tivesse muito dinheiro, quanto estaria disposto a pagar para ter ao seu lado, por mais um ano, alguém que você amava e já partiu? Percebe como é difícil monetizar o tempo? Isso ocorre por um motivo muito simples: ao contrário do que diz o ditado, tempo não é dinheiro... tempo é vida! E vida não se precifica.

Agora que já falamos um pouco da importância do tempo, que tal fazer algo mais prático? Um ótimo exercício é pegar papel e caneta e listar as coisas mais importantes de sua vida, de preferência em ordem prioritária (por exemplo: saúde, família, religiosidade, trabalho, lazer, etc.) e, ao lado de cada um, anotar o tempo que você destina por dia ou por semana a cada item. Só o fato de colocar suas prioridades no papel já lhe dará uma visão muito melhor para analisar se tem gastado seu tempo de maneira equilibrada e com o que realmente lhe importa.

Importante x urgente

Nos processos de *coaching* que realizo, é comum os clientes dizerem que não conseguem fazer atividades planejadas, que passam o dia resolvendo urgências, correndo contra o tempo, com aquela sensação de estar "apagando incêndio" a todo momento, seja no trabalho, seja na vida pessoal. Uma associação errada em que muitas pessoas acreditam é achar que uma atividade, por ser urgente, consequentemente é também importante. Até pode ser, mas não necessariamente.

A importância está relacionada ao valor que a atividade possui para mim. É quanto prazer ou benefício uma atividade me traz ao ser executada ou então o prejuízo que gera ao deixar de ser realizada. Já a urgência está relacionada apenas ao tempo que tenho para realizar determinada tarefa.

Todos concordam que ir regularmente ao médico para fazer um *check-up* é algo importante, certo? Como exemplo imagine um jovem que cuida de sua saúde, alimenta-se bem, que não está sentindo nenhuma dor ou desconforto, que não apresenta histórico de problemas de saúde e que em seu último *check-up* de um ano atrás obteve todos os resultados dos exames normais. Para ele, a atividade de ir ao médico para fazer uma avaliação periódica continua sendo algo importante, porém não é urgente; ele pode tranquilamente deixar para realizar os exames alguns meses depois e não terá problema algum. Agora imagine outra pessoa que não vai ao médico há anos, que fuma, que não se alimenta de forma saudável e que comece a sentir falta de ar e dor no peito. Para ela, ir ao hospital não é apenas importante, mas é também urgente.

No exemplo acima fica claro que uma atividade pode ser apenas importante ou importante e urgente ao mesmo tempo, mas talvez para você seja mais desafiador imaginar algo que seja urgente, mas não é importante. Lembre-se de que urgência está relacionada apenas ao tempo para executar a tarefa, certo? Se você abre a geladeira e encontra um iogurte que vencerá no dia seguinte, a decisão de consumir ou não aquele produto é urgente, pois você não pode adiar essa decisão por alguns dias. No entanto, caso você não o tome, o máximo que acontecerá é ter de jogá-lo fora, mas isso não lhe trará maiores consequências. Ou seja, é atividade urgente, mas não é importante. Imagine outro exemplo, agora no âmbito profissional. Você é convidado a participar de uma reunião de outro departamento que começará em 15 minutos, mas cujo assunto não está diretamente ligado ao seu trabalho. O prazo é curto (urgente), mas, se você não realizar essa atividade (participar da reunião) não haverá prejuízos ou maiores problemas.

Se você analisar com cuidado, perceberá que muitas das atividades urgentes e importantes um dia foram somente importantes. O carro que quebrou por você não fazer a revisão; o relatório do chefe que ainda não foi feito e é para amanhã, mas que você poderia ter começado a fazer duas semanas antes; a dor de dente por você não ir ao dentista há anos.

A grande sacada aqui é entender que o urgente geralmente é um importante que foi negligenciado. O que devemos fazer então é procurar fazer sempre as tarefas importantes antes que elas se tornem urgentes.

Um exercício simples, mas que traz muito resultado é listar todas as nossas tarefas pendentes (sejam pessoais, sejam profissionais) e, ao lado de cada uma delas, marcar se são ou não urgentes e importantes. Para isso, pode-se usar a tabela abaixo como modelo.

Atividade	Importante		Urgente	
	Sim	Não	Sim	Não
Tarefa 1	x			x
Tarefa 2	x		x	
Tarefa 3		x	x	
Tarefa 4	x			x
Tarefa 5		x		x
Tarefa 6	x		x	
Tarefa 7		x	x	
Tarefa 8		x		x
Tarefa 9	x		x	
Tarefa 10		x	x	

Haverá quatro classificações possíveis de acordo com suas respostas. Agrupe as atividades conforme a sua classificação, como no exemplo abaixo.

Importante e urgente	Não importante, mas urgente
- Tarefa 2 - Tarefa 6 - Tarefa 9	- Tarefa 3 - Tarefa 7 - Tarefa 10
Importante, mas não urgente	**Não importante nem urgente**
- Tarefa 1 - Tarefa 4	- Tarefa 5 - Tarefa 8

• Urgente e importante: entre em ação imediatamente; é por aqui que você deve começar a agir.
• Não urgente e importante: nessa categoria é onde idealmente deve estar a maioria de suas atividades; concentre aqui seu foco e suas energias.
• Urgente e não importante: avalie se realmente vale a pena executar essa tarefa. Em muitos casos, você perceberá que pode delegá-la a outra pessoa ou até mesmo eliminá-la.
• Não urgente nem importante: elimine essa tarefa da lista de pendências, pois ela provavelmente não lhe acrescentará nada.

Produtividade

O primeiro (e talvez o mais importante) entendimento que devemos ter aqui é o real significado do que é ser produtivo. Produzir é realizar algo que o faça avançar na direção de um objetivo maior, dos seus sonhos, das metas da empresa, do que realmente é importante em sua vida. Produzir é muito diferente de se ocupar, e hoje em dia as pessoas estão se ocupando em excesso, mas produzindo muito pouco.

O segundo ensinamento que quero compartilhar com você é que produzir mais não significa trabalhar mais. Pelo contrário, produzir mais é gerar mais resultados trabalhando menos, com menos esforço. É trabalhar de forma inteligente, racional e eficaz.

Talvez você esteja se perguntando: "Ok, entendi... mas como faço para ser mais produtivo?" Os estudos sobre produtividade são muito amplos e às vezes complexos, mas vou mostrar dois conceitos e ferramentas úteis e extremamente eficientes que certamente ajudarão você a ser mais produtivo.

Princípio de Pareto

Conhecido também como a regra do 80/20, o princípio de Pareto fala da relação não proporcional entre causa e efeito. Muito difícil? Nem tanto... Veja abaixo alguns exemplos e você entenderá melhor.
- cerca de 20% dos vendedores de uma empresa são responsáveis por 80% das vendas.
- 80% da prova será baseada em apenas 20% da matéria ensinada.
- 20% de seus clientes são responsáveis por 80% de seu faturamento.

- cerca de 80% do espaço na mídia é ocupado por apenas 20% dos artistas.
- 20% dos escritores são os autores de 80% de todos os livros vendidos.

O princípio de Pareto é amplamente utilizado nas áreas de vendas, marketing, engenharia, economia e tantas outras. Logicamente essa regra tem suas variações (70/30, 90/10, 95/05, etc.), mas, em geral, de modo empírico, percebemos que não há uma relação linear e proporcional entre os fatos e seus resultados. E se os resultados não são distribuídos de forma proporcional, os seus esforços também não devem ser. Isso faz sentido para você?

Descubra quais são seus 20% (de pessoas, informações ou atividades) que geram 80% dos seus resultados. Concentre seu foco, seu tempo e sua energia nessas coisas e fuja de tudo aquilo que lhe toma tempo, mas lhe agrega muito pouco e não traz retorno. Essa é uma dica de ouro que, se aplicada, vai gerar resultados incríveis em sua vida!

Procrastinação

Procrastinar é não fazer aquilo que deve ser feito; é adiar, protelar, deixar para depois as atividades que precisam ser cumpridas ou que nos trariam resultados benéficos. Sabe quando deixamos aquele relatório do chefe para a última hora? Ou quando adiamos o início da dieta, quando fugimos daquela conversa difícil com nossos pais, ou então evitamos ligar para aquele cliente chato? Isso é procrastinar...

Note que as tarefas que procrastinamos quase sempre são atividades que consideramos difíceis, cansativas, chatas, constrangedoras ou complexas. E nosso cérebro, por instinto, tem a tendência de evitar e se afastar dessas situações, mesmo que de maneira inconsciente. Para fazer isso, o cérebro cria uma série de pequenas outras tarefas como forma de nos manter ocupados, dando a sensação de que a atividade realmente importante, porém difícil, não foi cumprida por falta de tempo, e não por opção nossa. Para exemplificar, imagine uma pessoa que torce para chover para não precisar ir ao parque exercitar-se. Ou seja, ela quer evitar uma atividade benéfica, mas que não lhe é prazerosa, porém ela precisa de um motivo para que seu cérebro lhe diga: "Ok, não foi culpa sua, não tinha como ir..."

O problema de procrastinar repetidamente é que, quando adiamos algo que devia ser feito, essa tarefa permanece em nossos pensamentos até ser realizada, preocupando-nos e tirando nossa energia e nossa concentração. Adiar uma tarefa importante só a torna ainda maior, e, por mais que a evitemos por um tempo, chega uma hora em que não temos escolha, e somos obrigados a realizá-la. A primeira ação para evitar a procrastinação, por mais óbvio que isso soe, é ter a consciência e a responsabilidade de que nossas tarefas são exclusivamente nossas e ninguém as fará por nós e que adiá-las não resolverá o problema.

Outra maneira poderosa de combater a procrastinação é termos o foco voltado para o resultado, e não para o processo. Se, por exemplo, pensarmos na academia como um mecanismo que nos traz mais disposição, saúde e bem-estar, será muito mais fácil manter a disciplina de frequentá-la do que se nosso pensamento estiver sempre direcionado aos exercícios em si. O mesmo conceito pode ser aplicado a qualquer área de nossa vida, e no *coaching* chamamos isso de ressignificação, ou seja, dar um novo significado às coisas, tirando o foco do processo e mirando no resultado.

Quando focamos apenas no processo, a execução de uma atividade torna-se algo muito mais penoso, e, mais cedo ou mais tarde, voltaremos a procrastinar, pois isso vai contra o instinto de nossa mente, que é evitar situações desconfortáveis.

Algumas pesquisas já comprovaram que as pessoas de sucesso têm em comum, além de outras características, a habilidade de sempre focar nos resultados. Tente ressignificar suas tarefas e descubra que parar de procrastinar não é tão difícil quanto parece!

Deixe o *coaching* ajudar você

Atualmente, muitas empresas e pessoas buscam o *coaching* para ajudá-las no desenvolvimento de habilidades, na realização de objetivos e com o intuito de performarem melhor. Essa busca crescente tem um único motivo: o *coaching* funciona!

Como trabalho com isso no dia a dia, sou testemunha das transformações que o *coaching* gera nos clientes e dos resultados extraordinários obtidos a partir dessa transformação.

Durante um processo de *coaching*, são trabalhadas quatro etapas com o cliente: foco, planejamento, ação e melhoria contínua. O *coach* (profissional) funciona como um facilitador, para que o *coachee* (cliente) desenvolva o autoconhecimento, tenha clareza de seus objetivos, descubra seus valores, defina um planejamento lógico e eficiente, destrua crenças limitantes e mantenha a motivação e a disciplina até a realização do seu objetivo.

É importante que a pessoa entenda que o *coaching* não lhe dará as respostas prontas nem lhe indicará o caminho a seguir, mas o fará descobri-los por si só a partir de novas maneiras de pensar e de agir, que trarão resultados consistentes e duradouros. O *coaching* não gera o resultado; ele gera a transformação na pessoa, e é essa transformação que gera o resultado. É exatamente por isso que é tão fascinante e eficiente... Se você nunca experimentou, recomendo fortemente que o faça!

Vimos aqui alguns aspectos, incluindo conceitos e dicas, sobre a gestão do tempo e a produtividade, que são assuntos muito relacionados entre si. Acredito que é, sim, possível gerarmos mais resultados com menos esforços; acredito que é possível deixarmos de ser escravos do tempo; estou certo de que uma vida equilibrada, com mais tempo e mais propósito está ao alcance de todos.

É importante que você saiba que o que o trouxe até seu atual estágio não é o que vai levá-lo ao próximo nível. É preciso mais, muito mais! Então, permita-se evoluir, dê o próximo passo e viva uma vida com mais realizações.

Convido você a colocar em prática esses ensinamentos e em breve colher os frutos dessa mudança. Conte comigo! Não garanto que será um processo fácil, mas lhe asseguro que valerá a pena!

3

Resgatando o seu poder

Muitas vezes, agimos por impulso e acabamos nos sentindo frustrados ou inseguros com relação à qualidade de nossos resultados. Gostaríamos de nos sentir capazes, livres e motivados para as tomadas de decisões em nosso dia a dia, sabendo que fizemos o nosso melhor. Pelo processo de autoconhecimento, atingimos o empoderamento, que nos dá essa segurança

Andrea Chade

Andrea Chade

Personal & professional coach formada pela Sociedade Brasileira de Coaching, terapeuta de mesa radiônica quântica e consultora de projetos, negócios e processos na área de Tecnologia da Informação, é graduada em Ciências da Computação pela Universidade de São Paulo (USP) de São Carlos. Possui experiência há mais de 25 anos na área de Tecnologia da Informação, com desenvolvimento de sistemas e treinamentos, liderança de projetos e aperfeiçoamento de processos de negócios e de gestão para empreendedores e empresas dos segmentos de Seguros, Mercado Financeiro, Importação, Exportação, Gestão Comercial, Educação, Energia Elétrica e Navegação Aérea para pequenos empreendedores de segmentos variados. Atua ainda como terapeuta de mesa radiônica quântica há mais de cinco anos, trabalhando com harmonização energética e espiritual para temas pessoais e profissionais. Há três anos atua com *Life*, *Business* e *Team Coaching* voltado a *coaching* para relacionamentos ou para empreendedorismo.

Contatos
www.andreachade.com
http://somostodosum.ig.com.br/p.asp?i=13900&s=1
contato.andreachade@gmail.com

Muitos de nós vivemos hoje um cotidiano corrido, mas sentindo necessidade de estar sempre atuantes ou sendo frequentemente requisitados e cobrados por resultados rápidos. Entendemos que esse é um comportamento maduro e responsável. Mas o que não percebemos é que, para manter esse ritmo, acabamos muitas vezes agindo por impulso. Seja na vida pessoal, seja na profissional, quando nos damos conta, percebemos que assumimos cada vez mais compromissos.

No entanto, será que conseguimos cumpri-los? E, quando cumprimos, estamos colocando a qualidade necessária para gerar bons resultados e nos sentirmos felizes? Ou estamos apenas fazendo as coisas no estado de piloto automático para cumprir expectativas que acreditamos ser corretas ou que imaginamos que esperam de nós?

Dessa forma, sem querer, geramos retrabalhos ou nos perguntamos: "O que estou fazendo aqui?" ou "Por que me comprometi com isso?". Ou seja, colocamo-nos em situações em que não necessariamente queríamos estar e atraímos problemas que envolvem não somente a nós mesmos, mas também a outras pessoas.

Então, na maioria das vezes, o que conseguimos é um cansaço, uma frustração e uma eterna dúvida acerca de se nossos resultados foram bons, sobre o que conseguimos e para onde estamos indo.

Mas no fundo o que queríamos era nos sentir realizados, seguros, queridos e reconhecidos. Realizados como pessoas, como profissionais, como membros de uma família, uma comunidade e da sociedade, com a certeza de estarmos no caminho certo.

Imagine se sentir livre, capaz de decidir o que fazer, sendo você mesmo e mostrando o seu melhor; agindo com naturalidade, sentindo-se pertencente aos meios de que participa; participando de forma autêntica e contribuindo com o que sabe e como pode. Já se sentiu dessa maneira? Será que isso é possível?

Sim, é possível. Nem sempre em todos os aspectos ou em todos os momentos, mas, naqueles em que já nos sentimos dessa forma, percebemos que é o que acontece quando nos vemos capazes de realizar nossos sonhos. Podemos dizer que estamos empoderados. Ou seja, detemos um poder. Um poder para realizar qualquer objetivo, ter uma visão, sentir na pele a ponto de nos visualizar e nos sentir na situação desejada.

Voltando à nossa vida corrida e às decisões imediatas que tomamos, como podemos aumentar as chances de agir de forma assertiva, conseguindo o tão desejado bem-estar?

Muitos de nós acreditamos que algumas pessoas são privilegiadas por terem a visão clara do que querem e do que devem fazer, e talvez você acredite que não seja assim em sua vida. Mas isso não importa. O que importa é estar disposto a aprender como se empoderar, pois, mesmo quando se consegue esse empoderamento, é preciso se manter nessa condição.

Então, como sair de nossa situação atual e se tornar empoderado? Como *coach* não posso dizer qual é a resposta certa nem como ou quando essa resposta virá à sua consciência. Mas posso afirmar que ela está dentro de você, e com as perguntas corretas você é capaz de descobrir. O processo de *coaching* baseia-se justamente em perguntas poderosas feitas pelo *coach* ao *coachee*. Poderosas porque elas têm o objetivo de resgatar o poder interno existente no *coachee*.

As perguntas de alguma forma possibilitam que você se conheça, olhe para si mesmo, traga à consciência o que precisa perceber sobre si. Durante esse processo é possível ter novos *insights* por meio dos quais suas opções de escolha ampliam-se ou restringem-se, possibilitando que você encontre estratégias para a obtenção dos resultados que deseja, considerando seus valores e o que acredita, ou seja, suas crenças.

Às vezes, por mais que queiramos algo, percebemos o que queremos apenas de forma racional, porém, ao observar nosso coração, notamos que ele não sente ou não está pronto para sentir. Quando nosso coração sente e está de acordo com nossa mente, nosso poder evidencia-se e fortalece-nos.

Agora você pode estar se perguntando: "Essa sincronia entre coração e mente faz sentido para mim? Em quais momentos da minha vida isso aconteceu? Como me senti quando aconteceu? Quais resultados obtive naquele momento?".

Ao se fazer essas e outras perguntas, você se colocou num processo de autoconhecimento. Ou seja, conheceu sobre si mesmo. Mas o que significa conhecer a si mesmo?

Conhecer a si mesmo significa conhecer o que e como sentimos e pensamos e como e quando agimos. Parece óbvio, mas, acredite, raramente temos essa consciência. Isso porque dificilmente paramos para nos observar e realmente entender como funcionamos. Principalmente quando estamos correndo com nossa vida, decidindo e agindo continuamente.

Experimente se dar alguns minutos do dia apenas para observar ao redor. Observe a si mesmo. O que você vê? O que você escuta? Quais são suas sensações? O que as desperta? Se puder, anote essas percepções e após uma semana verifique novamente suas respostas. Você poderá ficar surpreso com o que descobrir.

Chamamos de autopercepção a capacidade de cada um de se perceber no ambiente e no contexto. Nós nos organizamos e interpretamos nossas impressões sensoriais para dar significado ao meio e, consequentemente, estabelecer nossa forma de comunicação.

Nosso processo de comunicação pode ser composto de três fases: absorção, processamento e manifestação. Absorção significa como cada um de nós absorve as informações; processamento é a forma como processamos a informação absorvida e manifestação é como reagimos aos estímulos.

De acordo com nossos sentidos, atuamos por meio dos sistemas visual, auditivo ou cinestésico (baseado em sensações). Então, para cada fase da comunicação, utilizamos predominantemente um dos sistemas. De acordo com Dawna Markova, no livro "O natural é ser inteligente", podemos dizer que possuímos um padrão de comunicação predominante. Existem seis padrões: ACV, AVC, CAV, CVA, VAC e VCA. Por exemplo, o padrão AVC significa que a absorção é auditiva; o processamento, visual e a manifestação, cinestésica. Isso não quer dizer que seguimos um padrão específico por toda nossa vida. Ao contrário, podemos mudar de padrão com o tempo, conforme desenvolvemos nossos sistemas.

O conhecimento do nosso padrão predominante em alguns momentos de nossa vida pode nos ajudar a conquistar algum objetivo específico, como o desenvolvimento de uma competência necessária em algum curso ou trabalho que estejamos fazendo, bem como pode facilitar nossa comunicação com quem nos relacionamos.

As pessoas com padrão AVC aprendem melhor na sequência ouvindo, vendo e sentindo e se expressam melhor na sequência falando, mostrando e fazendo.

Podemos também saber mais sobre nós quando conhecemos nossa história, a história de nossa família e de nossos antepassados, a história entre nós e nossos amigos e conhecidos, pois o que sentimos, pensamos e como nos comportamos nem sempre estão de acordo com nossas características. Muitas vezes estamos refletindo as influências das pessoas com quem convivemos ou herdamos, assim como ocorre com nossa herança genética e comportamental.

Pelo simples fato de convivermos em sociedade e estarmos expostos à muita tecnologia, estamos sujeitos à recepção de muitas informações – o que vemos, o que escutamos e o que sentimos. Recebemos infinitos estímulos e, querendo ou não, sofremos influências, muitas vezes apenas pela observação. Quem nunca se pegou imitando, mesmo sem a menor intenção, uma característica ou um comportamento de alguém com quem convive?

Cabe a nós descobrir qual é nossa herança e quais são nossas influências e escolher aquilo que nos é útil, o que nos faz sentir bem, o que nos motiva e o que queremos seguir como exemplo. É fundamental também perceber o que nos influencia negativamente, o que nos suga a energia, nos dispersa, nos amedronta, nos bloqueia ou até nos paralisa.

Cada estímulo que recebemos provoca-nos uma emoção; a partir do entendimento que temos sobre nós e o mundo fazemos escolhas, tomamos decisões, comprometemo-nos conosco e com os outros e, dessa forma, sentido é dado às nossas ações. Mas nem sempre esse processo de decisão é consciente. Muitas vezes decidimos, ou melhor, fazemos promessas em razão de emoções ocorridas em momentos de sofrimentos e decepções, os quais geraram sentimentos negativos que com o tempo foram esquecidos pelo consciente, mas não pelo nosso inconsciente. Assim, sem querer, somos norteados por essas promessas.

Ao entendermos nossa história, podemos observar padrões que nos acompanham. Padrões que podemos manter, que nos trazem identidade ou dos quais achamos melhor nos desfazer. Mas para isso é preciso ter bom discernimento e consciência do que deve ser feito e, se necessário, buscar ajuda especializada, pois, para acessar nossa história de maneira mais profunda, é preciso estar consciente de que realmente se quer isso e ter coragem. Coragem para enxergar a nós mesmos, o que aconteceu em nossa vida. Encarar nossos medos, nossas inseguranças, mas também resgatar nossas boas lembranças, nossas raízes, nossos talentos e nossa força interior.

Em qualquer nível do processo de autoconhecimento, é essencial estarmos dispostos a nos conhecer de maneira gentil, honesta, verdadeira, firme e necessariamente sem julgamentos; apenas nos acolhendo, nos aceitando e agradecendo por quem somos, com a humildade de perceber e aceitar o que precisamos e queremos melhorar, para, enfim, aprender e nos desenvolver.

Reconhecer nossos limites é importante, pois há momentos em nossa vida que precisamos de alto impacto e momentos em que precisamos de leveza, acolhimento, aceitação e respeito para nos estimular à ação, assim como é imprescindível percebermos o momento de parar, recuar e nos recuperar – e, se necessário, devemos pedir ajuda.

Precisamos lembrar que somos humanos com qualidades e fraquezas e devemos nos dar o direito de sentir nossos sentimentos, porém eles não definem nosso comportamento, pois temos a possibilidade, ou melhor, a responsabilidade de refletir sobre nossas emoções antes de agir.

Para não se perder no processo de autoconhecimento, o *coaching*, além das perguntas poderosas de que falamos acima, utiliza técnicas estruturadas para que possamos identificar o que é interessante conhecer sobre nós mesmos de acordo com nosso momento de vida e objetivo. Além disso, o *coaching* nos ajuda a lidar com nossas descobertas, transformar o que precisa ser transformado e potencializar os resultados, por meio de técnicas que nos organizam, nos ensinam ou melhoram nossos planejamentos.

É importante entender que nosso autoconhecimento é contínuo, e nosso estado de empoderamento, consequentemente, deve ser alimentado, pois a qualquer momento estamos sujeitos a adversidades na vida, pois somos desafiados e testados todos os dias. Porém, quando temos a segurança de que estamos fazendo nosso melhor, mesmo que nos sintamos inseguros em alguns momentos, utilizando o conhecimento sobre nós e como funcionamos, remetemo-nos ao estado de segurança novamente. E, retornando ao nosso equilíbrio, somos capazes de encontrar alternativas para superar os desafios que a vida nos apresenta.

Por tudo isso, conhecer a nós mesmos torna-se tão rico e tão poderoso. Permite-nos escolher o que queremos ser e fazer, desenvolver nossos talentos e competências. Ou seja, permite-nos sentir livres, com consciência de nossa identidade e controle de nossa vida. Controle para buscar recursos e construir o que queremos. Enfim, sentir-se empoderado e usar bem seu empoderamento.

Então, acredite em você. Acredite em sua essência. Acredite em seu potencial. Acredite que você pertence ao seu lugar. Acredite no seu poder de realização.

4

A tríade do sucesso sustentável: eneacoaching e sua aplicação

Este capítulo fala sobre o equilíbrio entre a vida pessoal, a profissional e os relacionamentos e como a junção de duas potentes ferramentas que auxiliam no autoconhecimento podem ser pontes para a felicidade e a plenitude

Danielle Silva

Danielle Silva

Empreendedora, fundadora e administradora do Instituto Ouse Mais, é *coach* de empreendedores e líderes, palestrante e consultora na área de análise comportamental. Membro da Sociedade Brasileira de Coaching, possui formação em *Personal & Professional Leader Coach, Xtreme Coaching, Career Coaching, Executive & Business, Mentoring e Master Coach*. Formada pelo Coaching Club em Executive Xpert, Eukratos; pela Abracoaching em *Professional Coach Practitioner e Advanced*; pelo Instituto Nacional de Excelência Humana (INEXH) em Desenvolvimento de Liderança; pelo Instituto do Eneagrama em Consultor para testes de personalidade e padrões comportamentais; pela Acordar em *Oustanding Communication*. Licenciada para aplicação do *Alpha Assessment Coaching* certificada pela Worth Ethic Corporation; para aplicação do Guia de investigação de competências emocionais pelo Instituto do Eneagrama; para aplicação do *Assessment* VIA pela Sociedade Brasileira de Coaching; para o Assessment Disc pela Abracoaching. Técnica em Administração pela Escola Técnica João XXIII e graduanda dos Curso de Administração e Gestão Ambiental pela Universidade Norte do Paraná.

Contatos
www.institutoousemais
daniellecoach.palestrante@gmail.com
(53) 8160-4661

Quando iniciei a busca por minha verdadeira missão, precisei mergulhar num estudo profundo chamado autoconhecimento, precisei ser experimento, ser prova viva do que mais tarde aplicaria com meus clientes, meus *coachees*. Passei por diversos cursos de formação na área de *coaching*, inúmeras especializações, com cursos e treinamentos que ampliaram meu entendimento sobre análises comportamentais.

Com isso, pude perceber que havia algo que se repetia entre o que me era ensinado e as pesquisas e os livros a que tinha acesso: a palavra sucesso que tantas vezes eu ouvia era composta na verdade de uma tríade, formada por sucesso pessoal, sucesso profissional e sucesso nos relacionamentos.

Vi diversos clientes extremamente realizados profissionalmente sentindo-se infelizes por não se sentirem completos em sua essência, por não terem cultivado relacionamentos profundos, assim como vi pessoas com relacionamentos saudáveis não se sentirem completas por não terem investido em suas carreiras. Após estudar diversos *cases* de sucesso, confirmei que o sucesso pleno ocorre quando ligamos os pontos da tríade.

A importância dos relacionamentos

Pesquisas comprovam a importância de relacionamentos saudáveis para nossa saúde e nossa qualidade de vida. Um estudo do desenvolvimento humano feito em Boston pela Universidade Harvard durante 75 anos, com 724 participantes, o qual ainda nos dias de hoje tem 60 participantes em acompanhamento, comprova que boas relações mantêm-nos felizes e mais saudáveis. Ou seja, a pesquisa confirmou o que ouvimos de nossos avós:

- Solidão mata.
- Pessoas que cultivam relações sociais (família, amigos e comu-

nidade) tornam-se fisicamente mais saudáveis e vivem por mais tempo.
- O que determina é a qualidade dos relacionamentos. Viver em conflito e sem afeto é extremamente prejudicial à saúde.
- Boas relações protegem nosso cérebro e nossa memória quando em uma relação segura. Saber que podemos contar com o outro faz com que conexões cerebrais sejam mantidas por mais tempo.
- Nos relacionamentos há brigas ou discussões, mas a cumplicidade torna-se maior que os conflitos, isso é ter relacionamentos saudáveis.

Enfim, é mais que justo os relacionamentos fazerem parte da tríade do sucesso sustentável, não acha?

A importância do sucesso profissional

Falaremos brevemente sobre o sucesso profissional, por que devemos buscar o sucesso profissional para alcançar a felicidade plena. Usarei novamente pesquisas para embasar minha tese de que precisamos desses três componentes para viver mais felizes. Então, vamos lá.

Em diversas pesquisas percebemos que os profissionais que buscam uma oportunidade de trabalho estão optando pela realização profissional, pois julgam que tal escolha lhes permite viver mais intensamente, com mais motivação genuína, conferindo alegria e disposição a suas rotinas diárias. Uma pesquisa do Tribuna Hoje fazia a seguinte pergunta: "Se for para escolher entre altos salários e trabalhar naquilo que gosta, o que prefere?". A maioria dos entrevistados escolheu a segunda opção. Já uma pesquisa da Catho, empresa de recrutamento profissional, mostra que o profissional está mais exigente e busca mais realização e mais tempo com a família para ter qualidade de vida.

A importância do sucesso pessoal

Agora, fecharemos com esse tópico nossa tríade do sucesso sustentável. O sucesso pessoal pode ser definido como ser nós mesmos por assumir nossa verdadeira essência, por ter coragem de mostrar nossa face. Quando falo em sucesso pessoal, eu gosto de lembrar a frase que nos foi ensinada por Jesus Cristo, que diz: "Amarás o teu próximo como a ti mesmo". Dessa forma, preciso primeiro me amar, para depois amar o próximo. É preciso ter respeito por minhas escolhas, autoestima, confiança, segurança para agir, liberdade para mostrar todo nosso poder de criação. Trata-se de me valorizar, me cuidar, me proteger, me dar carinho, aceitar minhas falhas e minhas imperfeições com carinho; de saber me perdoar, sorrir comigo mesma na alegria e na tristeza, sabendo que eu jamais posso me abandonar, isto é, me amar e, da mesma forma que me amo, amar o outro.

E no trabalho, como isso pode influenciar minhas escolhas profissionais? Por que escolhemos determinadas profissões? Por que permanecemos? A Universidade Multinível fez uma pesquisa para responder a essas perguntas, e, acreditem, 87% dos entrevistados escolheram uma profissão que não tem nada a ver com sua personalidade ou sua verdadeira essência, ou seja, 87% dos trabalhadores estão insatisfeitos e, destes, 62% trabalham pela remuneração, 59% ficam pelo medo de mudar e não se adaptar, 27% sentem-se velhos para mudar e 71% permanecem por conformidade e acomodação. Pasmem! Estamos vivendo presos a conceitos, aprisionados dentro de nós mesmos, por medo ou acomodação.

Fico extremamente triste ao ver jovens que escolhem sua profissão pela remuneração ou por segurança, desperdiçando todo o seu talento, sua força criadora, ao buscar cargos públicos sem ao menos saber a rotina de trabalho. Não julgo quem estuda anos para conseguir um cargo. O que peço é que analisem seus perfis para o cargo, para que não sejam profissionais frustrados e infelizes.

A boa notícia é que com planejamento de vida é possível identificar nossos talentos, nosso perfil para cada cargo, e viver nossa verdadeira missão sendo nós mesmos, criando nossas oportunidades de crescimento pessoal e consequentemente profissional.

Como nosso cérebro é o equilíbrio entre os centros

Ao estudar o eneagrama, tive acesso a uma gama de conhecimentos específicos sobre nosso padrão comportamental e sobre como nosso cérebro funciona e como guia nossas ações.

Antes de falar sobre o que é o eneagrama, mostrarei como nosso cérebro é dividido para exemplificar como podemos ter consciência de nossas atitudes para sair do automático.

Possuímos três partes no nosso cérebro que controlam tudo que fazemos e como nos comportamos em determinadas situações, a saber: o centro ativo, o centro emocional e o centro teórico.

O centro ativo é responsável pela ação e reação. Ele nos mostra de forma racional o nosso lado animal ainda presente, o que fazemos por instinto, como agimos para defender nosso território, nossa família, nossa casa. Esse centro é o que faz um pai se jogar na piscina para salvar um filho sem saber nadar, que faz com que, após aprendermos algo, isso se torne automático, sem precisar de análise e raciocínio, que envolve nosso trabalho, nossa criatividade prática. Nós usamos o centro ativo para ter sucesso profissional.

Já o centro emocional é responsável por trazer nossos sentimentos e nossas emoções, nossas escolhas, é o que faz com que haja envolvimento por afinidade, por carinho e afeto, é o lado de os conflitos serem amenizados em razão do respeito ao próximo e do autoconhecimento. Portanto, para ter relacionamentos saudáveis, precisamos desenvolver nossa inteligência emocional.

Finalmente, o centro teórico é responsável por toda a nossa análise racional e nosso planejamento. Ele determina como utilizamos nossos talentos, como seremos felizes, o que queremos para nosso futuro, o que faremos, como faremos, quando faremos, quais serão os primeiros passos, quais mudanças serão necessárias, ou seja, tudo o que nos transforma é administrado nesse centro. Os outros centros precisam estar interligados a ele, pois precisamos sentir a necessidade da mudança e agir para que ela aconteça.

A Programação Neurolinguística (PNL) diz que somos o que pensamos, sentimos e agimos. Sabendo disso, podemos reprogramar nosso cérebro para novos pensamentos, que trarão novos sentimentos, e assim teremos novas ações, as quais gerarão a transformação desejada. É possível mudar se usarmos essa poderosa informação para ter equilíbrio entre os centros.

Infelizmente precisamos entender que não é tão fácil assim. Existe um desequilíbrio natural: usamos um centro predominantemente, outro como apoio e o terceiro que fica reprimido. Ou seja, existem pessoas que sentem, logo fazem e somente depois pensam;

ou ainda pessoas que fazem, logo sentem e depois pensam; e pessoas que pensam, sentem e depois fazem. Por isso, chamamos nossas ações de padrões comportamentais quando assumimos um determinado comportamento automaticamente, sem perceber. Por meio do autoconhecimento, é possível tornar conscientes nossas atitudes, assumindo assim o controle da situação e, aos poucos, com prática e respeitando nosso limite e tempo de mudança, conseguimos ver a transformação e os benefícios de viver sendo nós mesmos em equilíbrio.

Eneagrama

A palavra eneagrama significa em seu sentido literal "nove pontos" e "linhas que se interligam, numerados de um a nove no sentido do relógio tendo os números três, seis e nove ligados entre si formando um triângulo".

O estudo do que hoje conhecemos passou por várias transformações e foi desenvolvido por três grandes pesquisadores – George Ivanovich Gurdjieff (1866 ou 1877-1949), Oscar Ichazo (1931-) – e aperfeiçoado por Claudio Naranjo e diversos outros autores, entre eles padres, compondo a literatura que conhecemos hoje.

O eneagrama aplica-se tanto no âmbito pessoal quanto no profissional, como ferramenta auxiliar no autoconhecimento, trabalhando na eliminação de conflitos; nos processos seletivos, para definir os tipos de perfil mais indicados para determinados cargos; para saber como motivar uma equipe com diferentes personalidades; ou ainda para descobrir nosso tipo de liderança e qual o risco e a influência no nosso negócio.

O eneagrama estuda os nove perfis comportamentais e seus vícios emocionais indicando os três centros em que precisamos manter a ordem. Cada centro corresponde a três números: no centro ativo estão os números oito, nove e um; no centro emocional, os números dois, três e quatro; e no centro teórico, o cinco, o seis e o sete.

A seguir você pode observar a imagem de cada perfil com seu respectivo vício emocional.

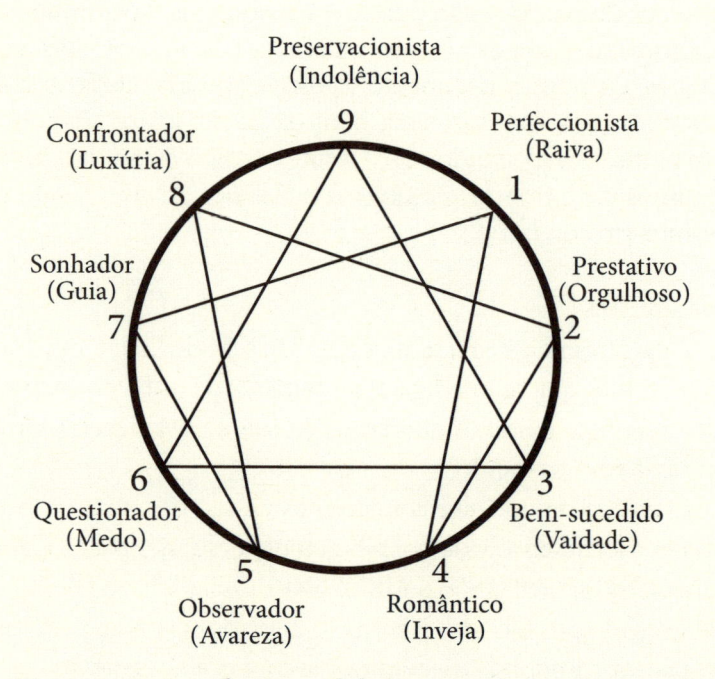

```
                    Preservacionista
                     (Indolência)
    Confrontador          9        Perfeccionista
     (Luxúria)                        (Raiva)
         8                               1
    Sonhador                          Prestativo
      (Guia)                         (Orgulhoso)
         7                               2
         6                               3
    Questionador                     Bem-sucedido
       (Medo)                          (Vaidade)
              5              4
          Observador      Romântico
           (Avareza)       (Inveja)
```

Temos nove tipos de personalidade, e com elas há emoções que se tornam vícios emocionais usados como padrão de comportamento. Usamos como base três emoções principais, dependendo do momento em que estamos vivendo. Por exemplo, sou três e tenho como vícios emocionais o quatro e o dois; serei uma pessoa que busca o sucesso, mas estarei sempre me comparando com os resultados dos meus colegas e buscarei ser reconhecida como uma pessoa prestativa para ter o orgulho de ouvir que sou importante naquele ambiente.

Coaching

O *coaching* é um processo que utiliza uma metodologia específica. Para tanto, utiliza técnicas e ferramentas de diversos campos de estudos comprovados cientificamente, dentre eles estão a PNL, a neurociência, a psicologia positiva, partes da administração como planejamento estratégico, do tempo e das finanças e diversas avaliações para definir nosso perfil comportamental, visando assegurar dessa forma um resultado melhor. Essas ferramentas são usadas durante as sessões, que normalmente duram o tempo suficiente para que a transformação seja concretizada, o que ocorre em torno de 12 semanas, com encontros semanais, de, em média, uma hora, a fim de fazer indivíduos, equipes e negócios alcançarem seus maiores objetivos. O processo conta com um profissional, chamado *coach*, que é realmente considerado um treinador. É ele quem conduz o indivíduo do ponto A, que é o ponto de partida do início do processo, ao ponto B, que é o ponto desejado; ou constroem juntos o planejamento para que seja realizado o objetivo determinado pelo cliente.

Eneacoaching

Todos temos metas e objetivos e, quando colocamos foco, muitas vezes buscamos formas de realizar nossos desejos. Nesse momento é que se forma uma parceria entre o *coach* e o cliente, para que juntos, cada um com sua responsabilidade, façam com que os sonhos e os desejos do cliente se tornem realidade. O *coach* que utiliza o conhecimento do eneagrama e conhece os nove perfis utiliza melhor a abordagem para fazer com que o cliente saia do seu vício emocional e assuma a responsabilidade pelas mudanças necessárias durante o processo. Com o auxílio do *coach*, o cliente reconhece, por meio da consultoria prestada, seus padrões de comportamento e mostra-se consciente do que antes era automático, tornando-se um indivíduo mais seguro ou um grupo mais maduro que reconhece a individualidade de cada membro e reconhece suas forças e seus pontos a ser melhorados.

Reconhecendo nossos valores e nossas crenças

O estudo de identificação dos nove tipos de personalidade requer um cuidado muito grande para que não sejamos rotulados por nosso prejulgamento, pois na verdade todos possuímos perfis dentro de nós, apenas usamos um como ponto mais forte; da mesma forma, todos temos vícios emocionais; isso mesmo, todos. Apenas usamos três deles com mais frequência como padrão de comportamento.

Para que fizéssemos uma identificação, seria preciso um teste, uma explicação sobre cada perfil e uma análise minuciosa para que você se identificasse conforme suas ações cotidianas, mas isso leva determinado tempo. No entanto, não seria justo você não ter acesso a esse conhecimento tão rico e que traz tantos benefícios para nossa vida pessoal e profissional e principalmente para nossos relacionamentos interpessoais. Por isso, para que eu pudesse presenteá-lo por estar me acompanhando até este momento, escolhi uma ferramenta que fala sobre os anseios, a maior busca de cada perfil, o motivo que ele busca, ou seja, sua crença e o retorno que ele terá ao obter o resultado: ser correto, ser amado, ter sucesso, enfim...

Responda, pinte, risque, faça suas anotações. Se preferir, coloque *post-it* (aqueles adesivos para deixar recados). A ferramenta é sua!

Depois de analisar como ficou, o que mais tem a ver com suas ações? Quer uma dica? Pense em alguma situação para ficar mais fácil.

Roda de Valores e Crenças

Anseio: não viver a perda e o conflito.
Crença: preciso estar integrado ao todo.
Valores: paz, integração, equilíbrio, harmonia, ponderação.

9

Anseio: não ser controlado e invadido.
Crença: preciso ser forte.
Valores: visão estratégica, justiça, mudança, liderança, coragem, força.

8

Anseio: ser correto.
Crença: preciso fazer o que é certo.
Valores: perfeição, organização, disciplina, responsabilidade.

1

Anseio: não sofrer privações.
Crença: preciso satisfazer minhas necessidades.
Valores: abundância, alegria, espírito aventureiro, otimismo, agilidade, prazer.

7

Anseio: ser amado.
Crença: preciso servir aos outros.
Valores: amizade, união, solidariedade, generosidade, benevolência, assistência.

2

Anseio: ter orientação.
Crença: Preciso ter apoio.
Valores: lealdade, segurança, trabalho em equipe, administração participativa.

6

Anseio: ser valorizado.
Crença: preciso ser bem sucedido.
Valores: espírito empreendedor, sucesso, reconhecimento, desempenho, competitividade, foco em resultados.

3

Anseio: ser capaz.
Crença: Preciso entender a realidade.
Valores: curiosidade, inteligência, visão analítica, parcimônia, espírito científico.

5

Anseio: ter identidade.
Crença: preciso criar uma imagem original.
Valores: originalidade, beleza, criatividade, sensibilidade.

4

Como foi? Fácil ou mais ou menos? Encaixou-se em vários? Calma! É normal, seu caminho do autoconhecimento está apenas começando. Se você já está nessa estrada e conhecia a ferramenta, parabéns por se permitir ver outro ponto de vista sobre esse assunto.

Conclusão

A tríade do sucesso sustentável está nos anseios de todo ser humano, a busca da felicidade. O sucesso tem diversos significados e, conforme cada personalidade, haverá uma resposta. O que elas têm em comum é que não existe felicidade sem relacionamentos saudáveis, nem deixando de ser nós mesmos, muito menos se deixarmos de viver nossa verdadeira missão, seja ela qual for. Esteja certo, você pode e deve ter o sucesso e a felicidade.

Acredite em você e faça acontecer! Crie seu destino!

Busque sua tríade e seja feliz!

Lembre-se: juntos somos mais fortes e acompanhados vamos mais longe.

5

Prosperidade: um sonho desejado por muitos

Nossa vida é determinada pelas atitudes e pelas escolhas que fazemos. Elas nos direcionam para a riqueza ou para a pobreza. Em nossas decisões podemos dimensionar nosso sucesso. Com o estado de consciência equilibrado, enxergarmos o melhor caminho a seguir, para a direção certa rumo à prosperidade. Você vai identificar a trajetória para a realização de seus sonhos

Fatima Homem

Fatima Homem

Empresária e palestrante, é formada em Administração de Empresas pelo Centro Universitário Newton Paiva, em Belo Horizonte; pós-graduada em Gestão de Negócios com MBA em Gestão de Pessoas; *master coach* pela Escola Internacional Condor Blanco do Chile, com aprimoramentos em diversas formações; entre elas, dalle carnier em Comunicação Eficaz; adesguiana pela Associação da Escola Superior de Guerra, com especialização em Planejamento Estratégico e aperfeiçoamento em Meeting em Vendas; empretec pela Câmara de Dirigentes Lojistas de Contagem (CDL), Minas Gerais, com vasta experiência nas áreas financeira, de vendas e de comunicação. Possui carreira consolidada na área empresarial no setor de comércio varejista, com atuações em planejamento estratégico, processos, gestão de pessoas; atua na área comercial de sua empresa, é vice-presidente da Associação dos Permissionários de Serviços Postais (APSP), atuante no CDL Belo Horizonte pela Câmara de Papelaria.

Contatos
fatima.homem@hotmail.com
(31) 99205-4802
(31) 3491-1194

Prosperidade

A palavra prosperidade vem do latim prosperitate (prosper ou prosperus), refere-se à qualidade ou ao estado de ser próspero, que, por sua vez, significa ditoso, feliz, venturoso, bem-sucedido, afortunado!

No sentido bíblico, a prosperidade é a medida das bênçãos de Deus, segundo sua vontade; não se trata de ser rico ou ter ótima saúde, mas de possuir sabedoria, dons, boa esposa, filhos obedientes e fiéis a Deus, honrar, ter paz segurança, colheita, abundância, prosperar.

O que é prosperidade para você?

Quando se fala em prosperidade, imaginamos uma quantidade enorme de dinheiro, riquezas que envolvem bens materiais, financeiros, investimentos, reservas, um cargo profissional sonhado por muitos, qualidade de vida e felicidade. É isso tudo, mas, além disso, a prosperidade só estará completa se houver tranquilidade, saúde, amigos, relacionamentos, conhecimento, ações sociais, de maneira equilibrada.

A prosperidade acontece para as pessoas ousadas, que têm muita energia, que sabem que o limite é acima do céu, que sonham e realizam e que têm persistência em primeiro plano. São pessoas que pensam positivamente com padrões mentais que fluem para as realizações.

Uma pessoa que não realiza não é necessariamente uma pessoa derrotada, ela simplesmente não acredita em seu potencial e foca no negativo; perde o ânimo e seus objetivos. A prova de coragem é seguir sem olhar para trás, pelo simples fato de saber que tudo que se queira fazer é possível.

Diz um provérbio chinês que, "se você quer um ano de prosperidade, cultive trigo; se você quer dez anos de prosperidade, cultive árvores; se você quer cem anos de prosperidade, cultive pessoas".

Esse provérbio nos ensina que o ser humano é a peça principal para a prosperidade. Muitas vezes, as pessoas são cruéis em seu julgamento, desprezando as gentilezas para com os outros. Ao colecionar amigos, adquirimos o crescimento natural de realizar e conquistar recompensas para uma melhoria contínua de vida com estado de felicidade, porque os desafios da prosperidade e da riqueza trilham caminhos mais adversos.

Uma pessoa pode ter riquezas e não ser próspera, porque a prosperidade está relacionada ao espírito e à integralidade, e não apenas aos bens materiais. A prosperidade sem riqueza está relacionada às suas ações e ao seu padrão mental, que podemos definir como a falta de compaixão e de generosidade para com o próximo.

A busca pela riqueza trilha caminhos que às vezes diminuem ou retardam os passos do viajante por falta de motivação. Na prática, esse estágio pode parecer indecisão ou hesitação, e alguns observadores tendem a ver isso como uma fraqueza. Na verdade, é o contrário: é uma atitude baseada em senso de responsabilidade e comportamento de análise ante cada novo empreendimento, com as tomadas de decisão que trilham o caminho. Somos responsáveis pelas nossas decisões; quando acordamos, escolhemos se vamos levantar, se vamos tomar café, se vamos trabalhar, enfim, tudo que se passa em nossa vida e no decorrer do dia será nossa decisão, incluindo prosperar.

A sabedoria de quem tem dinheiro está em saber como gastá-lo e em que investir, provém de fazer desse bem o melhor para sua vida, proporcionando felicidade não só para si mas também para as outras pessoas.

Não há prosperidade sem disciplina, não há prosperidade se não houver autonomia e controle de sua mente. Não é possível ter êxito se não tiver uma vida organizada.

Doze passos para a prosperidade

P ensar = mentalizar o que deseja alcançar.
R eavaliar = repensar o seu sonho como combustível para a realização.
O rdenar = colocar sua vida e seus sonhos como prioridades.
S ervir = apoiar alguém em outras ações, sempre sendo um servidor.
P rosseguir = não desistir nunca.
E xpressar = colocar em suas metas o desejo ardente.
R ealizar = colocar em prática seu objetivo com pensamento de triunfador.
I nspirar = tomar como referência alguém de sucesso.
D oar = separar um tempo para compartilhar seu aprendizado.
A titude = entrar em ação.
D emonstrar = ter alegria para realizar, aceitar que é merecedor.
E xecutar = concretizar seus sonhos e celebrar sempre suas vitórias.

Para que possa adquirir autonomia de realizar o caminho de prosperidade, firme compromissos consigo mesmo, imagine o que deseja alcançar, repense o seu sonho como combustível para realizar, coloque a si e a seus sonhos como prioridade, apoie alguém em outras ações sendo um servidor, não desista nunca, ponha em suas metas o desejo ardente, coloque em prática seu objetivo com pensamentos de triunfador, tome como referência alguém de sucesso para se inspirar, separe um tempo para compartilhar seu aprendizado, entre em ação, tenha alegria para realizar, concretize seus sonhos e celebre sua vitória.

Como disse Bertolt Brecht, "Há pessoas que lutam um dia e são boas, há outras que lutam muitos dias e são melhores, há as que lutam muitos anos e são excelentes, mas há as que lutam toda a vida – estas são as imprescindíveis".

Ser imprescindível só depende das atitudes. A vida não é só fracassos nem só vitórias. Se tiver expectativas boas, não existem problemas, se a expectativa é ruim, não existe solução; portanto, pensar positivo contribui para sair da inércia e deixar de achar que tudo são problemas sem soluções; o que parece ser impossível é apenas um empecilho temporário, e você é responsável por mudar esse contexto, por meio de suas atitudes, que deverão ser positivas.

Conheci uma história, numa "cidade do interior". Um homem muito humilde e de total pobreza saía todos os dias para trabalhar muito bem arrumado. Sua camisa estava sempre muito limpa, suas calças tinham um vinco preciso, seus sapatos eram muito bem engraxados, chegando a ofuscar os olhos. Ao sair, dizia para sua esposa:

— Estou indo em busca de nossa prosperidade.

Esse homem era um mascate, comercializava diversos produtos e com muita alegria batia de porta em porta oferecendo suas mercadorias, que considerava de primeira necessidade. Em suas andanças pela cidade, cultivou muitos amigos. Mesmo quando não vendia nada, ele trocava mercadorias por produtos que necessitava em sua humilde casa. Viveu muitos anos trilhando esse caminho sem perder a fé nem a alegria; sempre otimista, dizia que no outro dia teria mais sucesso em seu empreendimento; quando chegava em casa, entregava a sua esposa seu ganho e dizia muito feliz:

— Hoje eu só trouxe o arroz e a carne, e esse dinheiro é o pedacinho do nosso sonho. E sua esposa recebia com gratidão.

Foram anos nessa trajetória, sempre satisfeito e agradecido por suas conquistas. Passaram-se muitos anos, e, voltando àquela cidadezinha do interior, tive curiosidade de receber notícias desse senhor. Foi com grande surpresa que soube que ele se tornara um dos homens mais ricos daquele lugarejo. Então, fui em busca de saber qual tinha sido o segredo de sua prosperidade. Assim, encontrando-o numa fazenda com muitas criações e uma lavoura fértil, perguntei a ele como havia conquistado tudo aquilo, ao que ele me respondeu muito humildemente:

— Meu amigo, na trajetória da vida você conhece muitas pessoas que acreditam em seus sonhos, eu ajudei também muitos que tinham perdido a esperança, porém nunca desisti, acreditei que tudo que eu plantasse colheria em dobro, utilizei como aprendizado a humildade, o amor e o perdão, e tudo isso foi me acontecendo, sabe por quê? Nunca desisti de meus sonhos e sempre acreditei ser merecedor da prosperidade.

Então, amigo, muitas vezes damos importância aos bens materiais e às grandes quantidades financeiras, esquecendo-nos de ser humildes e solidários e perceber que recebemos em dobro as pequenas ações que praticamos com o próximo. Essa atitude faz a diferença em nossa vida e na vida dos outros.

Prosperidade: um caminho desejado para ter uma vida feliz e realizada

A prosperidade é um caminho desejado por muitos.
Para que ter uma vida próspera?
Você merece ser próspero?
O que fará quando alcançar essa prosperidade tão desejada?

Para que a prosperidade aconteça, as atitudes externas dependerão das atitudes internas; quando falamos de atitudes externas, referimo-nos às ações que vamos praticar com as pessoas e, quando falamos em atitudes internas, trata-se dos pensamentos que teremos para tomar as decisões e realizar.

Ter equilíbrio nesse momento contribui com seu crescimento interno, pois são os passos para desenvolver a prosperidade, e somos capazes de sair das decepções conquistando a felicidade e compartilhando alegria e amor.

Esteja aberto a novas experiências desafiantes que poderão acontecer em sua vida, pois isso o ajudará a aceitar melhor alguns momentos que possam surgir, transformando-se em um ser humano íntegro e merecedor da prosperidade.

Esse resultado que alcançamos e tanto queremos é chamado de PROSPERIDADE PLENA. É quando tudo ao seu redor conspira a favor de seu êxito; até mesmo quando deparamos com algo que a princípio não nos parece positivo. Muitas vezes esse acontecimento o leva ao seu crescimento, possibilitando-lhe alcançar a prosperidade integral nas áreas emocional, financeira e espiritual.

Digamos que a prosperidade seja o estado completo que o ser humano deseja quando alcança esse estado completo de felicidade.

Mudar a visão para ter prosperidade

Diante das circunstâncias externas, quando se fala de crise financeira, violência e falta de amor, falar de prosperidade frustra e seguir em frente desanima. O medo paralisa nossas forças; apesar disso, somos livres para escolher o que queremos, sem ficar focados nessa expectativa negativa, mesmo que todas as evidências mostrem que a situação está difícil ou impossível. Esse cenário impacta a harmonia do nosso estado emocional, mental e espiritual, acentuando as crenças negativas que ficam mais fortes e evidentes e, assim, proporcionando um caminho mais longo a ser percorrido.

Reclamar também condiciona nossa mente ao desânimo, causando insegurança para seguir o caminho. Faz-se, portanto, necessário percorrer e enfrentar os desafios que não são fáceis, mas que nesse momento nos fortalecem para aceitar o que vier.

Quando nos deparamos com algum desafio, a tarefa é aceitar e receber. A princípio parece contraditório e injusto passar por isso, mas somos totalmente responsáveis por tudo aquilo que nos acontece, permitimos isso por meio de nossas ações e nossos pensamentos; por isso precisamos lidar com esses obstáculos, a fim de abrir o caminho para o alcance de nossos propósitos e realizações.

Comece a fazer um levantamento de tudo o que já conquistou em sua vida e analise se é merecedor de ter uma vida próspera. Responda a si mesmo:

- O que me motiva a conquistar algo?
- A minha vida está equilibrada para que eu possa alcançar o que desejo?
- O medo é maior do que meu sonho?
- Quais crenças limitantes atrapalham minhas decisões?
- Sou merecedor de tudo o que desejo conquistar?

Para que possa fazer uma análise de sua vida, como ela está e aonde deseja chegar, aplique uma ferramenta chamada Roda da vida.

RODA DA VIDA

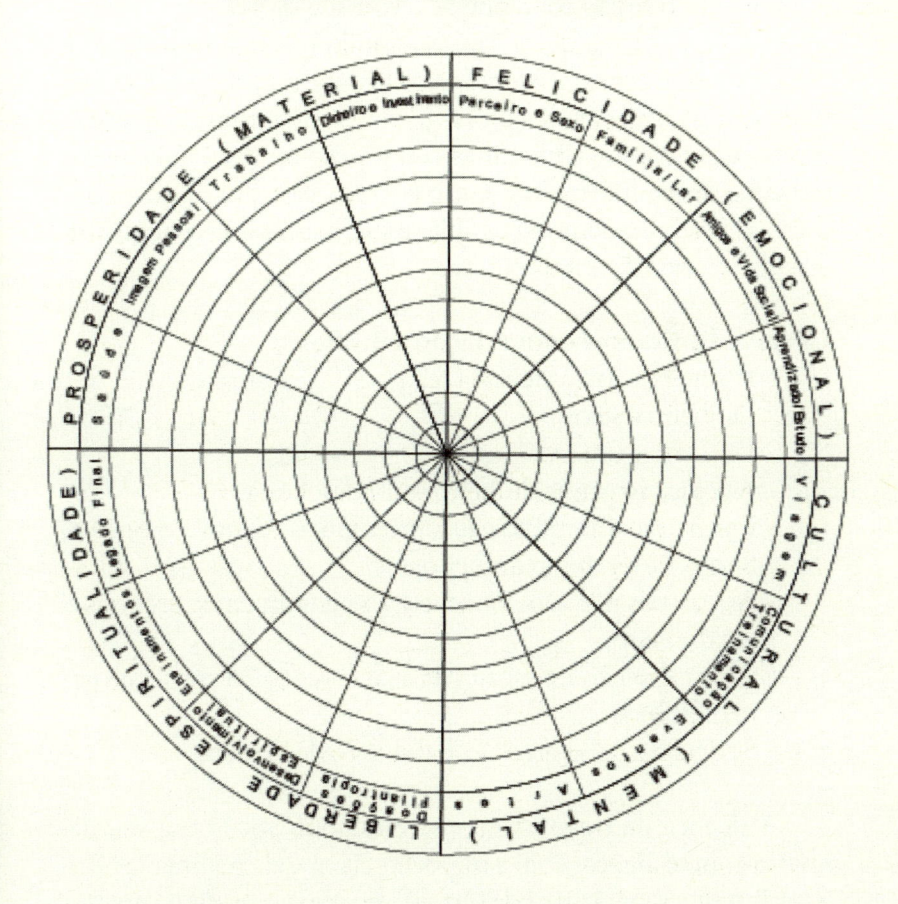

Setores da roda (sentido horário a partir do topo):
- PROSPERIDADE (MATERIAL): Imagem Pessoal, Trabalho, Crédito e Investimento
- FELICIDADE (EMOCIONAL): Parceiro e Sexo, Família/Lar, Amigos e Vida Social, Aprendizado/Estudo
- CULTURAL/MENTAL: Viagem, Terapia, Integração, Eventos, Artes
- LIBERDADE (ESPIRITUAL): Doações/Planejamento, Desenvolvimento Espiritual, Investimentos, Legado Final

Nessa roda, você terá todas as áreas que envolvem sua vida. Faça uma análise de cada uma delas, pontuando-as de 0 a 10. Seu foco deverá ser a área em que tiver menor pontuação para melhorar suas decisões.

Em nossas caminhadas, observamos que as crenças limitantes podem ser individuais ou coletivas e impactam nossa vida, impedindo-nos de avançar para o sucesso e a prosperidade.

Crenças são atitudes ou pensamentos em que, apesar de não serem vivenciadas ou comprovadas, as pessoas acreditam.

Quando o medo sobrepõe-se à vontade de avançar, imagine o seu desejo ardente de conquistar aquilo que realmente quer e merece. Sugiro aplicar a Memória de triunfo, uma ferramenta que pode ser utilizada para relembrar todas as conquistas do passado, motivando-o, assim, a buscar as conquistas futuras. O objetivo é trabalhar seu padrão mental para o positivo. Faça uma lista de conquistas e celebre-a como algo muito especial para você, pois trouxe felicidade à vida de outras pessoas.

Crenças limitantes com relação a dinheiro
- Dinheiro não traz felicidade;
- Dinheiro é sujo;
- Dinheiro é uma maldição, só traz conflito;
- A pessoa só ganha dinheiro se for desonesta;
- Quem trabalha muito não tem tempo para ganhar dinheiro;
- Sucesso é ter muito dinheiro;
- As pessoas não são confiáveis, só pensam em si próprias e em dinheiro;
- Passar debaixo da escada dá azar, e você não consegue ganhar dinheiro;
- Se deixar a bolsa no chão, o dinheiro desaparece.

O alcance de riquezas acontece quando você trata seu dinheiro com respeito e com a importância que ele realmente tem. É importante separar 10% de seus ganhos para si mesmo antes de saldar qualquer compromisso, é o primeiro passo para a prosperidade. Mude seu padrão mental, crie intimidade com o seu dinheiro e realize sonhos, compre carro, casa, faça viagens ou algo que sempre quis fazer, sinta-se próspero e rico. Doe pelo menos 10% de sua renda mensal, essa é uma atitude de fé e abundância; quanto mais você doa, mais você recebe; invista 10% em ativos, aquisição de bens, aplicações financeiras, ponha seu dinheiro para servi-lo. E, por fim, pague seus compromissos. Com isso, sua mente estará trabalhando a seu favor; é nesse momento que criará a riqueza de fato em sua vida.

Nove passos para alcançar a prosperidade
- Acredite em você;
- Utilize os passos de sua intuição;
- Seja solidário;
- Pense positivo;
- Determine suas ações;
- Tenha um sonho ardente;
- Trace metas;
- Mude seu padrão mental;
- Entre em ação.

Frases de prosperidade
- Eu mereço ter uma vida próspera e rica;
- Eu me amo, eu me aceito, eu me respeito;
- Eu confio em mim e na minha intuição;
- Eu acredito no meu potencial;
- Eu ajo apesar do medo;
- Eu conquisto tudo o que desejar;
- Eu aceito e mereço tudo o que o Universo me presentear;
- Meu foco está no sucesso.

Como utilizar a fluidez para o sucesso
- Faça um pacto, que são os compromissos com você mesmo;
- Tenha fluidez, seja motivado;
- Apague de seu coração a angústia, a dor, o incômodo, a raiva, a tristeza, a perda e o prejuízo;
- Produza em sua mente um estado de felicidade;
- Não permita que o medo seja seu sabotador;
- Pense e haja diferente;
- Mentalize o que deseja com propósito e determinação;
- Permita-se avançar sem culpa de ser feliz.

Renovando atitudes para a prosperidade

Faça planos de felicidade, analise onde quer estar, com quem quer estar, fazendo o que deseja fazer, mas reserve um tempo para uma pessoa muito especial e importante em sua vida: você mesmo!

As pessoas prósperas são determinadas e desenvolvem o poder de conquistar seus sonhos, saem da zona de conforto e partem para a ação. Esse empoderamento é a força que você adquire para agir e influenciar as pessoas que estão ao seu lado. Essa autonomia conquistada estabelece uma relação de felicidade, mudando seu estado emocional e espiritual, que você, então, definirá para sua vida. Assim, viverá feliz sem problemas, ao contrário de pessoas sem sonhos, sem ideais, sem otimismo, sem atitude, que vivem em desespero, esse estado toma conta da vida delas, trazendo a derrota e o fracasso.

Ter uma mente positiva atrai conquistas, triunfa rumo ao sucesso. Essa ação compartilhada estimula a alegria do outro e traz realização para a pessoa que você está entregando. A maturidade emocional é uma atitude que só percebemos com o passar do tempo, ela nos torna mais compreensivos e observadores, pois assim não agimos por impulso, e a mente lapida os pensamentos e as ações para beneficiar as pessoas que recebem, porque as pessoas sábias e prósperas não se importam com as futilidades nem sofrem pelas inconveniências da vida, são guiadas pelo exemplo do bem, não se importam com as calúnias recebidas, nem consideram as outras pessoas como adversárias, praticam o bem, espalham a gratidão e o perdão. Digamos que renovar atitudes são as ações que se determinam a fazer positivamente.

Assumir seu potencial como merecimento da prosperidade

Viver numa "Samsara", segundo a tradição budista, é viver a vida da ignorância sem consciência, é um mundo que cada um cria para si próprio. Não se trata de um lugar, e sim de uma maneira de viver preso nas próprias percepções; são atitudes de viver no engano, preso a situações dos próprios pensamentos. O ser humano vive num círculo do qual não consegue sair. "Samsara" é o mesmo que estar sempre procurando, trocando ou querendo algo para se satisfazer, é um mundo de perambulação em busca de satisfação e felicidade.

A pessoa que busca a prosperidade sabe realmente o que deseja, compreende sua missão de fazer e merecer e realiza de fato, nada a detém, são aqueles realmente felizes, prósperos e ricos.

A pessoa que está com um padrão mental positivo não permite que o estresse diário a faça perder o controle de sua vida e toma consciência da existência dessa vulnerabilidade. Assumir a responsabilidade pelo modo como a sua vida realmente é possibilita alcançar resultados desejados e capacidade para traçar seu futuro.

Ter claros nossos valores também permite que o caminho seja direcionado a resultados, liberdade, crescimento, satisfação. Valores são ensinamentos que recebemos, os quais moldam o caráter para ter integridade na tomada de decisão.

O caminho que você escolher seguir será aquele que terá de prosperidade e riqueza, as quais permanecerão por toda a sua vida, motivo pelo qual é importante ter a mente positiva para tornar seus resultados melhores mediante tantos desafios.

Vencedor

"Nada é impossível, tudo é possível. E tudo depende de quem? De esperar ter sorte ou de sua decisão? Tudo depende do líder. Tudo depende de você e de ninguém mais. Não é difícil, é desafiante. Não é um problema, é uma oportunidade. Não é um obstáculo, é uma aprendizagem intensiva. Não é um fracasso, é uma preparação para o êxito. Não é um sofrimento, é uma interpretação. Não é o final de tudo, é o começo de uma nova vida... Não é terrível, é intenso e transformador. Não é decepcionante, é inesperado. Não é chato, é interessante e educador. Portanto, a vida que você escolheu viver. Não é difícil, impossível, terrível e decepcionante, é desafiante. É agora a grande oportunidade de se transformar no melhor momento de sua vida."

(Trecho do texto de Suryavan Solar, autor do livro Coaching Express)

Siga seus passos com entusiasmo, focado em seus objetivos, e se sinta empoderado para o alcance de sua prosperidade.

Chegou a hora: "Transforme-se!"

6

Gestão do estresse e *Mindfulness*

Andamos com tanta pressa, trabalhando sob tanta pressão e como fazer a gestão do *stress*, como melhorar a qualidade de vida, ter total foco e atenção à tarefa que realmente deve ser executada. Precisamos respeitar os sinais que nosso corpo dá, olhar para nossa missão de vida, nos atentar a trabalhar em áreas que temos afinidade e desenvolver a gratidão pelo que é verdadeiramente importante em nossas vidas! Gratidão ao meu esposo e filhos por tornar este sonho possível!

Fernanda Deligenti

Fernanda Deligenti

Economista, especialista em pedagogia empresarial; Professora Universitária e *Master Coach*. Experiência de 18 anos no mercado corporativo, divididos em oito anos mercado financeiro e 8 anos na indústria atuando nas área comercial, Marketing, treinamento e logística. Dois anos no mundo do empreendedorismo, atuando com Processos de *Coaching* em empresas, desenvolvendo líderes e treinando equipes de alta Performance. Especialista em Psicologia Positiva. Cofundadora da *Start Up* Aporé empresa com atuação na área de Educação e Negócios Sociais. Idealizadora do Projeto Usina de Performance: atendimentos em grupos com módulos em carreira, empreendedorismo, liderança e finanças. *Master Coach* formada pela SBC e Membro da Sociedade Brasileira de Coaching. Coordenadora de Educação do BNI - Business Networking International.

Contatos
www.fernandadeligenti.com.br
fernanda@fernandadeligenti.com.br
Páginas no Facebook: Fernanda Deligenti Coaching
Usina de Performance
Whatsapp: (11) 98109-2157

O estresse é algo que faz parte da nossa vida e dos nossos dias... Diariamente ouvimos ou lemos algo sobre o assunto. As pessoas não têm mais paciência com nada: no trânsito, em casa, com os filhos, com o marido, com os funcionários, enfim muitas vezes por coisas sem importância deparamos com um turbilhão de emoções e ações tomadas por impulso, na maioria das vezes por falta de tolerância e gentileza, em razão do alto nível de estresse a que a população é submetida.

Até mesmo um simples cumprimento como "bom dia!" atualmente tem gerado repostas ríspidas, como "bom dia, por quê?"

O objetivo deste capítulo é proporcionar um pouco mais de conhecimento e trazer ferramentas para obter mais cuidados com a saúde, maior equilíbrio, produtividade e bem-estar, reduzindo o estresse e o desequilíbrio emocional, ocasionado por sobrecarga de funções, por não estar conectado com sua "missão" de vida, por falta de tempo para si e por se deixar levar pelas emoções e pelos pensamentos negativos, ocasionando mais irritação e mais estresse. A consequência de todo esse excesso de estresse são mais doenças para a nossa vida.

Você sabia que 68% das pessoas que sofrem de estresse crônico têm mais chances de desenvolver doenças? Essa é a conclusão do European Heart Journal.

É isso que queremos para nossa vida?

Hans Selye foi o primeiro estudioso que tentou definir estresse, atendo-se à sua dimensão biológica. De acordo com o autor (1959), o estresse é um elemento inerente a toda doença, pois produz certas modificações na estrutura e na composição química do corpo, as quais podem ser observadas e mensuradas.

Todas as pessoas vivenciam situações de estresse. Eu mesma

já passei por algumas e tive graves consequências em minha vida, atingiram minha saúde, meu bem-estar, meus relacionamentos e minha qualidade de vida.

Como *coach* já tive *coachees* que chegaram extremamente estressados. No entanto, durante o processo, conseguimos resgatar seus valores, descobrir sua missão de vida, trazer mais autoconhecimento, retomar seu equilíbrio emocional, realizar uma análise mais racional das situações e traçar estratégias para entrar em ação e resolver as situações.

Tive uma *coachee*, chamada Luna, que estava trabalhando em um ambiente completamente hostil e doente. Luna vivia uma pressão fora do comum, era levada a praticar coisas que iam contra seus valores, o que lhe trouxe sérias consequências. Certa manhã, ao se levantar para ir ao trabalho, entrou no banheiro e despencou no chão em razão de um apagão que sofreu. A queda resultou na boca cortada e em um dia inteiro em observação no hospital, fazendo os mais diversos exames. Ela tinha vida sedentária e alimentava-se de forma inadequada. Depois de realizar eletrocardiograma, *holter* e diversos outros exames, começou a tomar medicamentos para diminuir os batimentos cardíacos e amenizar os sintomas do estresse.

E qual decisão tomamos diante desse cenário? Nesse caso, Luna teve como prioridade seus valores e desligou-se da empresa.

A maioria das pessoas continuaria "empurrando com a barriga", algumas talvez tomassem a mesma decisão de se desligar e trocar de emprego. Às vezes, consegue-se ter a sorte de mudar para um novo desafio em um ambiente acolhedor. Quando isso ocorre, no lugar do estresse, passa-se a ter mais satisfação e bem-estar em virtude do clima e do ambiente que as empresas proporcionam aos seus funcionários.

Nesses 18 anos de mercado, escuto diariamente reclamações, eu mesma já fiz parte do time que só reclama, e a queixa é generalizada: "Estou estressado!". Não importa a renda, o gênero, a situação é generalizada, e quanto maior a responsabilidade dentro do mundo corporativo, mais pressão e mais estresse.

Como melhorar e amenizar esse cenário
Quero ter mais equilíbrio na minha vida pessoal e profissional, não tenho tempo para mim, não tenho tempo para a família... Só sei trabalhar, trabalhar, trabalhar...

Sim, precisamos trabalhar, precisamos ter satisfação profissional e precisamos também ter tempo para a vida pessoal. Mas como conseguir conciliar tudo isso?

Vou me usar como exemplo. Há alguns anos eu tinha uma jornada de 14-15 horas de trabalho por dia! Sim, eu trabalhava como CLT em uma multinacional e à noite lecionava. Saía de casa às 6h30-7h e retornava à 0h.

Eu gostava muito do que eu fazia, treinava pessoas, ajudava clientes a ter mais resultados em seus negócios e à noite ainda tinha uma sala de aula cheia pela frente, mas lecionar se tornou meu *hobbie*, minha verdadeira paixão. Eu entrava às 19h e só saía às 22h50min, de segunda a sábado. Loucura?

Não, eu tinha muita satisfação, mas o problema era não ter tempo para mim nem para minha família...

Com isso comecei a engordar, não fazia o intervalo de almoço corretamente, comia qualquer coisa, vivia na estrada atendendo a regiões fora de São Paulo, o carro era meu restaurante. Além disso, era totalmente sedentária, mas praticar atividade física quando com essa jornada de trabalho? Pois, eis que, quando despertei para a realidade, estava 20 quilos acima do peso e, com o nível de estresse superelevado, entrei numa onda de só reclamar, pensamentos negativos, autoestima no pé porque não tinha mais roupas, perdi o guarda-roupa inteiro, fui ao médico porque estava tendo crises de enxaqueca constantes, o que me fazia ficar em casa por dois ou três dias seguidos. Então, ao fazer um *check-up*, tomei o grande susto!

Estava com diagnóstico de pré-diabetes, índice de massa corporal em 35%, ou seja, obesidade grau I, e enxaquecas no pico da crise. Tinha enxaqueca desde os 18 anos, portanto sempre tive de lidar com ela, mas nesse período elas estavam quase que diariamente comigo.

Cheguei num estágio de muito trabalho, muita pressão e com

esse quadro de saúde horroroso!

O que fazer, chorar? Não. Comprei essa luta e pensei: "Só tenho 28 anos e já estou assim, o que me espera mais para a frente". Eu me assustei... pensei no que fiz comigo, me esqueci do meu bem mais precioso: EU!!!

Em agosto de 2001, iniciei uma enorme força-tarefa para reverter esse cenário. Procurei o auxílio de uma nutricionista e iniciei caminhadas. Comecei a caminhar duas ou três vezes por semana e a ter uma alimentação extremamente controlada e saudável. Após dez meses de muito foco, dedicação e empenho consegui emagrecer os 20 quilos e passei a ter uma vida muito mais saudável, com a prática constante de atividade física – passei a correr, a participar de provas de rua: 5 km, 10 km... É inesquecível a realização dos meus primeiros 5 km!! Emoção que não tem preço!

Com o resgate do meu bem-estar, passei a ter mais equilíbrio emocional e maior controle do estresse, mais energia e, consequentemente, mais satisfação.

As crises de enxaqueca se foram, e no lugar delas passei a ter mais bem-estar e mais felicidade.

Hoje, os momentos desafiadores continuam acontecendo e sempre nos acompanharão, até porque temos domínio de nossas ações, mas vivemos em sociedade e não podemos gerenciar e controlar as ações dos outros. O ideal é que sempre que formos expostos a uma situação de estresse tenhamos também momentos de relaxamentos para nos recuperar, para que o estresse não se torne crônico.

Quando afetados por estresse, podemos sentir dores musculares; normalmente o pescoço, as costas e ombros são as áreas mais afetadas pelo excesso de tensão. Podemos também ter funções neurológicas afetadas, desconfortos gastrointestinais, coração disparado, sensação de sufocamento... e sintomas emocionais, como irritação, descontrole, explosões de raiva, choro, etc.

Temos diversos estressores, ou seja, diversas situações que podem impactar ou trazer mais estresse para nossa vida ou dia a dia, são eles:

1. Biológico: são as reações do nosso organismo às diversas

situações do meio ambiente, por exemplo, dieta pobre de nutrientes, sedentarismo.
2. Psicológicos: nossa forma de ver e de encarar as diversas situações do dia a dia está relacionada com a baixa autoestima, conflitos internos, frustrações;
3. Socioculturais: pressão para seguir regras com as quais não concordamos, situações que vão contra nossos princípios e valores.
4. Ambientais: são os estressores das grandes cidades, como poluição, trânsito, más condições de trabalho, situações agressivas.
5. Eventuais: algum evento traumático, como perder emprego, algum trauma ou até mesmo eventos positivos, como o nascimento de um filho, o casamento.

À medida que sofremos situações de pressão, desafiadoras, vamos caminhando pelas quatro fases do estresse:
1. Fase de alerta: disparamos um mecanismo de proteção que nos mantém atentos e motivados para lidar com a situação.
2. Fase de resistência: organismo age para evitar o gasto total de energia, mas já apresentamos dificuldade de concentração;
3. Fase de quase exaustão: o organismo passa a liberar cortisol e já começa a afetar o sistema imunológico; com isso já apresentamos queda de produtividade;
4. Fase de exaustão: traz desequilíbrios, explosões, doenças, e perdemos a produtividade, colocando nossa saúde em risco.

Como se recompor? Como sair dessas fases?
Primeiro é fundamental manter o pensamento positivo e, em vez de iniciar um questionamento na posição de vítima, é preciso se perguntar como pode resolver a situação e como pode aprender e tirar proveito de tudo o que está acontecendo.

Outra forma de ajudar na gestão do estresse é manter uma alimentação saudável e equilibrada e colocar na rotina a prática de atividades físicas. Não deixe que pequenas situações acabem com o seu dia, por exemplo, o fato de um funcionário não entregar uma atividade, a internet estar fora do ar. Procure alternativas para driblar esses momentos e quanto mais se permitir a autodescoberta, o autoconhecimento, mais fácil lidará com essas situações.

Procure atividades que o tirem da situação de estresse, como momentos de relaxamento, ioga, meditação, caminhada ou até mesmo ir a um cantinho onde consiga contemplar a natureza, a beleza da vida. A seguir, compartilho com vocês um plano para auxiliar no controle do estresse.

Plano antiestresse

Abaixo, indico quatro passos para auxiliá-lo na gestão do estresse no dia a dia.

Passo 1: analise o que está ganhando ou perdendo com a situação que vem lhe causando tanto estresse.

Passo 2: analise as situações ou o que vem lhe causando tanto estresse.

Passo 3: trace um plano de ação.

Passo 4: todos os dias mentalize pensamentos positivos, retome a alimentação saudável e a prática de atividade física; não se dê desculpas, como não tenho dinheiro, o financeiro está apertado; coloque tênis nos pés e inicie uma caminhada no quarteirão ou vá até a padaria andando. Procure atividades simples, mas que vão lhe proporcionar bem-estar.

Conheça-se mais! Isso mesmo, você sabe quais são as suas qualidades, as suas características, o que faz de melhor, quais são as suas forças?

Quanto mais nos conhecemos, mais autoconfiantes nos tornamos; consequentemente, a autoestima se eleva, e você não se permite desequilibrar por qualquer acontecimento rotineiro. E não se esqueça de criar o seu momento de desconectar do mundo e aproveitar para relaxar e descontrair. Faça uma meditação, pratique ioga ou tai chi chuan, algo que lhe traga uma situação extremamente relaxante, como se sentar na grama de um parque e ficar quieto, ou até mesmo de frente para o mar, sem dizer nada, apenas agradecendo e contemplando a imagem que está a sua frente!

No ambiente de trabalho a maioria dos casos de estresse ocorre em razão de má liderança, excesso de trabalho, pressão para cumprir tarefas, fusões entre empresas sem antes preparar os funcionários.

Se você está com excesso de faltas no ambiente de trabalho, funcionários "reclamões", baixa produtividade, muitos conflitos internos, clientes reclamando muito e insatisfeitos, cuidado, você pode estar trabalhando num ambiente extremamente estressante!

Se identificado um ambiente de estresse dentro da corporação, é necessário traçar um plano de ação para a redução dele, como diminuir as demissões.

Falar sobre qualidade de vida, proporcionar atividades que tragam mais motivação e participação do funcionário, incentivar o engajamento e a participação de todos os envolvidos, escolher líderes de cada área ou departamento, propor atividades de colaboração entre as aulas, incentivar convênios com academias, com parceiros que proporcionem bem-estar aos funcionários e ao clima organizacional, todos esses são exemplos de ações que podem ser realizadas para lidar com o estresse dentro das organizações.

Para administrar ou gerenciar o estresse precisamos primeiro identificar os sintomas e reconhecer que está estressando e, em seguida, identificar e agir sobre as causas que o levaram a esse quadro. Muitas vezes não agimos na causa, mas apenas nos sintomas.

Por exemplo: a pessoa vive com dor de cabeça e toda vez que a sente se enche de medicamentos. Porém, a dor de cabeça não é o real problema... Analise sua vida e o dia a dia e identifique qual situação lhe tem tirado o sono, deixando-o desequilibrado, irritado, nervoso. Faça a si mesmo as seguintes perguntas:

"O que realmente está causando isso?"
"De que modo estou contribuindo para agravar essa situação?"

"O que eu, e somente eu, posso fazer para mudar isso?"

A partir dessas respostas, entre em ação diretamente na causa. Só assim terá os problemas de dor de cabeça solucionados.

Procure analisar no dia a dia seus comportamentos e suas ações. Tem tido performance com momentos de alegria, felicidade, motivação, autoconfiança, intercalando-a com sua zona de recuperação (se desconectar do trabalho e fazer algo por você, relaxar, exercitar-se)? Ou está com o sentimento de que está "sobrevivendo" dentro da empresa em que trabalha? Vive chateado, nervoso, sem motivação, irritado e infeliz? Cuidado, você pode estar migrando para a zona de *burnout* (exausto, deprimido, cansado, totalmente estressado, esgotado emocionalmente).

Burnout é uma síndrome, definida pelo psicólogo alemão Herbert J. Freudenberger, que se caracteriza por ser um tipo de estresse ocupacional que atinge três dimensões: exaustão emocional, despersonalização e baixa realização pessoal no trabalho. Se chegar a essa área, cuidado, chegou o momento de procurar um novo desafio ou realmente buscar sua verdadeira missão de vida! Mas, afinal, o que é missão de vida?

A missão de vida é o propósito pelo qual vivemos; tem total relação com nossos talentos, características e qualidades; é trabalhar com amor e por amor, sentir-se feliz e motivado todos os dias; e, sim, os desafios virão, mas você vai encará-los de forma completamente diferente, mais objetivo, e, mesmo que por alguma razão sinta que não está bem, conseguirá se levantar rapidamente, pois você vive e está aqui neste mundo para realizar sua missão.

A missão é o ponto que nos conecta ao mundo, é o que faz nossa vida passar a ter sentido. Nos processos de *coaching* que tenho conduzido, a descoberta da missão é um dos momentos de maior alegria e emoção do processo, tanto para processos pessoais quanto para empresariais, pois tudo, exatamente tudo, passa a ter sentido na sua vida e na existência da empresa! A missão é o real motivo pelo qual existimos.

Outro mecanismo utilizado para a redução da ansiedade, da

depressão, das dores e do estresse é o *mindfulness*.

Mindfulness faz parte da psicologia positiva e quer dizer "atenção plena, atenção voltada para o momento". É uma forma de retreinar a mente para funcionar de modo diferente. John Kabat Zinn introduziu uma clínica de redução do estresse na Universidade Médica de Massachusetts em 1979. Era biólogo molecular e abandonou a carreira científica usando sua experiência de meditação e ioga para ajudar os pacientes. Em Full Catastrophe Living, Zinn descreve esse trabalho, usando a meditação com pessoas que tinham doenças crônicas, estresse e dores.

A meditação é uma ferramenta que ajuda a entrar em *mindfulness*.

Meditar traz muitos benefícios, dentre eles: diminui a ansiedade e a depressão, aumenta a imunidade, reduz dores crônicas, aumenta a sensação de felicidade e positividade, alivia o estresse, aumenta a concentração, a memória e o vigor físico e proporciona uma vida mais longa e saudável.

Atenção plena é um assunto recente no mundo da psicologia ocidental, mas é uma prática milenar no Oriente, no budismo, na ioga. É um estado de consciência, é a conexão consigo e apreciar a plenitude do momento. Trabalha com o distanciar-se, ou seja, a habilidade de deixar ir crenças que nos limitam e sentimentos que não agregam, o apego ao passado; abre à aceitação, proporcionando novos espaços mentais para deixar vir e ir sentimentos diferentes; envolver-se totalmente com o momento presente; traz a auto-observação; observar a si e a seus pensamentos, sentimentos, sensações e emoções nos ajuda a aumentar e desenvolver a atenção plena.

Como começar essa prática que proporciona tantos benefícios?

São necessários apenas cinco minutos para começar diariamente a praticar a meditação e proporcionar *mindfulness*.

Pode ser praticado pela manhã ou antes de se deitar:

Sente-se confortavelmente, feche os olhos, concentre sua atenção no ponto entre as sobrancelhas, inspire e pense que está subindo, expire e pense que está descendo enquanto o ar sai pela boca. Caso sinta alguma coceira ou incômodo, não pare. O grande desafio é manter a atenção no ponto entre as sobrancelhas. Coloque um cronômetro para ajudar e, à medida que for adquirindo prática, vá aumentando o tempo.

Para incorporar esse novo hábito, é necessário praticar diariamente. Assim como ocorre quando estamos aprendendo a andar de bicicleta, ter esse novo hábito não é algo que acontece do dia para a noite. Tem de ter o hábito de fazer todos os dias!

A regularidade é fundamental. O poder está no efeito cumulativo de desacelerar a mente, acalmando os pensamentos repetitivos e perturbadores.

Se falhar um dia não se critique, retome a prática no dia seguinte, encare a meditação, a atividade física ou até mesmo a alimentação saudável como algo gentil consigo mesmo.

Os benefícios da prática comprovados por estudos psicológicos e neurocientíficos são enormes. Abaixo menciono alguns:
- Redução do estresse e alívio de dores;
- Aumento da capacidade de concentração, enfrentamento das dificuldades e controle maior das reações diante dos desafios;
- Melhora do gosto da comida e auxílio no desenvolvimento da empatia; melhora da concentração mental e maior autoaceitação (é superimportante para facilitar as relações).

É possível usar o *mindfulness* em todas as situações do dia a dia. A seguir, compartilho mais dicas para colocá-lo em prática:
- Aprecie os sons, atenção a notas musicais, melodias, barulhos da natureza;
- Aprecie mais as sensações físicas, use o momento do banho para prestar atenção na água caindo pelo seu corpo, a brisa do mar tocando sua face;
- Aguce e explore o seu paladar. Desafio você a se alimentar sem mexer no celular. Mastigue calmamente, saboreie cada mordida, sinta a textura, o aroma desse alimento que está nutrindo o seu corpo.
- Não brigue com seus pensamentos, coloque foco em cui-

dar de um jardim, brincar com o seu filho, coloque foco na ação do momento, e não no pensamento.
- Preste atenção na sua respiração. Respire até o diafragma, ou seja, não tenha aquela respiração curta e ofegante.

Um ótimo local para a prática é no trânsito! Isso mesmo, use o semáforo das ruas para prestar atenção na sua respiração. Quando fechar o semáforo e a luz vermelha aparecer, respire e conte até três e, depois, expire contando até três. Vai ter um momento mais agradável.

Desafio-o a dar o primeiro passo. Policie-se no dia a dia entrando em ação para driblar o estresse, com certeza *mindfulness* é um excelente aliado na gestão do estresse. O estresse é o vilão número um do nosso bem-estar. Quando conseguimos ter mais tempo para nós mesmos – e aí vão me perguntar como arrumar mais tempo... –, a dica preciosa que dou é: "Não se esqueçam da agenda, que é uma secretária que trabalha a nosso favor! Use e abuse dessa supercompanheira!"

Agenda ajustada, separando um tempinho para si, praticando *mindfulness* no decorrer do seu dia, assim com certeza é possível ser muito mais produtivo, mais feliz, com bem-estar na vida como um todo.

Então desejo a você dias mais tranquilos, repletos de gestão de estresse + *mindfulness*. A soma dessa equação será felicidade plena!

Afinal, o mais importante, estamos aqui para ser felizes!

7

Coaching sistêmico

O autor, por meio de sua experiência como consultor, desenvolveu o *coaching* sistêmico, uma nova metodologia para o trabalho de *coaching*, baseado em conceitos da Antroposofia e do Sistema de Diagnóstico Avançado (SDA), de Bert Hellinger. Tal modelo possibilita ao cliente aprender sobre sua vida e sua carreira de forma rápida e profunda, proporcionando um *upgrade* no processo de *coaching*

Hercules Randazzo

Hercules Randazzo

Advogado pela Universidade Católica de Minas Gerais, Administrador de Empresa com Pós-Graduação pela Columbia University-USA. Trabalhou durante 30 anos em empresas de médio e grande portes, inclusive em empresa da própria família, atuando em áreas comercial, recursos humanos, marketing e relações trabalhistas. Como consultor, desde 1994, tem apoiado processos de desenvolvimento e transformação de empresas e indivíduos e soluções de conflitos, tendo sido docente em programas de MBA da Fundação Dom Cabral. Graduado e terapeuta em Constelações Sistêmicas Familiar e Organizacional e Biografia Humana.Especialista em empresas familiares e em Coaching Sistêmico. Foi presidente da Artemísia-Centro de Desenvolvimento Humano, no período de 1995 a 2002 e membro do Instituto Ecosocial de São Paulo. Professor de formação em Constelações Sistêmicas em vários estados, pelo Instituto Imensa Vida.

Contatos
hercules.bhe@terra.com.br
(31) 99983-3930

Coaching

A palavra *coach* vem de coche, carruagem, veículo antigo, puxado por cavalos, que transportava pessoas de um lugar para outro. Nos esportes, nas mais diversas modalidades, temos a figura do *coach*, que é o treinador, orientador de performance e de carreira dos atletas.

Há determinados *coaches* que fazem a diferença, viabilizando a *high performance* de atletas e equipes. Sabem a forma de conduzir e apoiar os mais jovens.

O célebre Telê Santana, conhecido pela alta qualidade do futebol apresentado por seus atletas e equipes, mantinha uma postura serena no túnel durante as partidas. Não gritava, não gesticulava nem falava com os jogadores durante o calor das partidas.

Deixava tudo isso para o trabalho nos treinos, durante a semana. Dessa forma, dispensava os gestos e a gritaria midiáticos durante as partidas. Assim, ele formou grandes jogadores no futebol brasileiro, pois abria espaço para a criatividade e o desenvolvimento dos atletas.

O processo de *coaching* compreende a facilitação para que o cliente (também chamado de *coachee* ou *performer*) tenha uma visão mais global de si mesmo, bem como da definição de suas metas de vida e de carreira.

Digo vida e carreira pois não podemos separar esses dois aspectos, uma vez que eles andam juntos.

No entanto, é fundamental que o cliente queira a ajuda do *coach* no seu processo. Simplesmente ser escalado pela empresa para o processo de *coaching* não basta, é preciso querer vir para ele por livre e espontânea vontade.

1. O tempo das pessoas

Vivemos uma época em que as pessoas têm pressa, necessidade por resultados em prazos cada vez mais curtos.

O desenvolvimento tecnológico, as informações em tempo real, dentre outros, fazem com que as pessoas tenham cada vez menos paciência para processos tradicionais que levam mais tempo, às vezes meses.

Muitos clientes que vêm ao meu escritório gostariam de ter suas necessidades atendidas quase que em tempo real, como se os resultados estivessem disponíveis *on-line*.

A ansiedade por resultados rápidos é característica de nossos tempos. As pessoas não têm paciência suficiente para esperar resultados por meses ou anos, como ocorria nas décadas passadas.

Vejo essa ansiedade como algo natural e, por que não, saudável.

As relações de ajuda envolvendo profissionais, terapeutas, consultores e *coaches* que atuam apoiando o desenvolvimento humano e organizacional terão de se adaptar aos desafios dos novos tempos, em que os recursos e o tempo são cada vez mais escassos e preciosos.

Processos terapêuticos e de consultoria poderão ser cartas fora do baralho nos próximos anos, caso não se adaptem à nova realidade.

Lembro-me de uma supervisão de Bert Hellinger para um jovem terapeuta, em um auditório em Belo Horizonte, Minas Gerais, em 2007, sobre o trabalho dele com uma cliente em consultório. Ele disse a Bert: "Estou ajudando uma cliente no meu consultório há dois anos e...", Bert interrompeu-o: "Dois anos? E você acha que a está ajudando?", risos na plateia.

Esse exemplo evidencia que os novos tempos chegaram, e os processos de *coaching* mais longevos, com dez, doze ou mais sessões, estão com os dias contatos.

2. DNA, o cesto individual de potenciais

Venho desenvolvendo estudos e pesquisas sobre temas ligados ao autodesenvolvimento há 26 anos.

Nesse período tive a felicidade de encontrar alguns mestres pelo caminho; dentre eles, Gudrun e Daniel Burkhard, Bernard Lievegoed, Anita Charton, Jacob Stam, Christopher Schaeffer, Bert Hellinger, Renato Bertate e Jakob Schneider.

Aprendi que, ao nascer, trazemos com o nosso DNA uma espécie de cesto, no qual estão todos os nossos potenciais para serem desenvolvidos ao longo da vida.

Uma parte significativa da humanidade não tem consciência disso, pouco se desenvolve e, consequentemente, pode levar uma vida medíocre, cheia de crises intermináveis, com foco apenas na vida material.

Muitas vezes, não temos consciência de nossos potenciais e talentos, é como se eles permanecessem adormecidos por um longo período.

A vida corrida, a luta pela sobrevivência e o mercado de trabalho cada vez mais competitivo, muitas vezes, sugam nossa energia, impedindo-nos de nos conscientizar ou priorizar nossa carreira. Christopher Schaeffer, consultor alemão que reside e trabalha nos Estados Unidos há décadas, por meio de seus estudos e suas pesquisas, afirma que o trabalho representa em nossa vida cerca de 70% de nossa missão no mundo, do nosso propósito aqui na Terra.

Muitas pessoas, principalmente na meia-idade, vivenciam crises que têm como característica um vazio, o que lhes traz problemas e desconfortos.

Esse vazio agora possui características próprias e não é igual àqueles que se sentia aos 18 ou aos 20 anos. Naquela época, os vazios eram mais facilmente preenchidos, pois, em razão da juventude, bastava sair para se divertir em festas, ter um novo relacionamento afetivo ou mesmo adquirir um bem material (carro novo, viagem, etc.) para que essa sensação se dissipasse. Os vazios podiam ser preenchidos de fora para dentro das pessoas. As soluções vinham de fora e funcionavam a maioria da vezes.

Já o vazio dos 30 ou dos 40 anos, ou ainda mais tarde que isso, são de natureza existencial. Trata-se de um vazio existencial que acomete a maioria dos homens e das mulheres nessas fases. Muitos tentam preenchê-lo inconscientemente, repetindo comportamentos de quando eram jovens. Nesse sentido, a fase mais conhecida é a "idade do lobo", quando as pessoas tentam repetir, inconscientemente, todas as atitudes lá de trás a fim de se livrar de seus vazios atuais.

As mulheres muitas vezes exageram nas cirurgias plásticas, tentando assim se sentirem menos vazias, mas não alcançam os resultados pretendidos. Namoro, carro novo, roupa nova, viagens, etc. são coisas boas, mas nada disso agora resolve o vazio dos homens.

O que fazer então?

Tais crises poderão ser sentidas por algumas pessoas como uma derrota, mas outras serão levadas a perguntar: "Qual trabalho precisa ser feito, então?"

Sem a visão tribal dos deuses e de sua rede espiritual da Antiguidade, as pessoas de hoje estão à deriva, sem orientação, sem modelos e sem ajuda para atravessar os diversos estágios e desafios da vida. Hoje não existem ritos de passagem nem quase nenhuma ajuda dos companheiros e amigos, que podem, igualmente, estar à deriva.

A perda da esperança de que os elementos externos venham nos salvar dá origem à possibilidade de que tenhamos de salvar a nós mesmos. Temos de assumir a responsabilidade pela nossa satisfação, não há ninguém lá fora para nos salvar ou para preencher magicamente nosso vazio interior. Nem o *coach* poderia fazer isso.

Pode ser doloroso constatar tudo isso, mas é a partir daí que pode ter início o possível caminho de cura do vazio existencial. A partir da experiência da crise, uma nova vida pode surgir.

O crescimento na vida e na carreira é a saída viável, enfrentar novos desafios e construir metas e objetivos que contemplem e conectem-se aos nossos talentos, à nossa vocação.

Recomendo, aos interessados no tema, assistir ao filme Feitiço do tempo, disponível no mercado. O filme mostra a experiência de um repórter de TV especializado em previsão do tempo, Phil Connors, que vai a uma cidade vizinha com a equipe de reportagem cobrir um evento folclórico local. Dramaticamente, Phil acorda sempre no dia 2 de fevereiro, data do festival folclórico. Esse dia se repete na vida do Phil indefinidamente, deixando-o preso àquele dia e cada vez mais desesperado.

Durante um longo tempo, ele experimenta dezenas ou centenas de fugas. A fim de quebrar a magia, ele tenta de tudo nos dias que se repetem na esperança de resolver tudo aquilo. Phil era uma pessoa amarga e de poucos amigos. Ele rouba, engana mulheres que querem se casar, aproveita-se de todos, comete pequenos delitos, pois não arca com as consequências de sua irresponsabilidade, já que no dia seguinte acordará novamente no dia 2 de fevereiro. Porém, ele se apaixona por Rita, a produtora da reportagem, e um dia ele consegue convencê-la de seu drama. À noite, ela diz, então, para ele: "Isso pode não ser tão trágico assim. Depende do que você faz destes dias ou do que você faz nestes dias".

Ao amanhecer, ele acorda animado e começa a fazer tudo diferente. Começa a dar atenção às pessoas e a ajudar os necessitados, estuda medicina e piano, dentre outros, enfim, vai se aprimorando a cada dia, desenvolvendo potenciais adormecidos em seu cesto. Desse modo, os talentos vão aflorando, e sua verdadeira vocação começa a se consolidar.

Seu grande objetivo era conquistar o amor de Rita. Mas o que fazer para conseguir isso?

Ele aprende, aprende e aprende. Deixa desabrochar o ser humano que estava adormecido dentro dele. Acima de tudo, Phil transforma seu trabalho, trazendo-lhe significado, e o mercado começa a valorizá-lo. Por fim, a festa folclórica é realizada no programa dele, na praça da cidade lotada, com o prefeito, autoridades e repórteres concorrentes, todos em torno dele, que comanda o evento com brilhantismo e é aplaudido por todos.

Só assim, quando sua vocação desabrocha, Phil consegue acordar no dia 3 de fevereiro e conquistar o coração da Rita. De certa forma, Rita foi a *coach* dele durante o processo, pois sua atitude firme o ajudou a encontrar o próprio caminho. Ela não cedeu às investidas dele até que ele desenvolvesse seus potenciais e se tornasse um homem de sucesso, admirado por todos.

A atitude de Rita o levou a buscar um caminho de desenvolvimento, de revisão de valores.

Mas como buscar esses potenciais e transformá-los em talentos, competências que nos permitam encontrar nossa verdadeira vocação e sentido na vida?

A experiência de Phil no filme nos mostra uma trajetória de sucesso, construída passo a passo a partir de crises existenciais.

3. Os bloqueios, obstáculos no *coaching*

Ao longo de minha experiência de quase 20 anos como *coach* de indivíduos e de processos em organizações, pude observar vários clientes vivendo situações em que problemas, bloqueios ou obstáculos se interpunham entre eles e seus objetivos e metas no processo de *coaching*.

Pude aprender com essas experiências que seria demasiadamente simples deixar os clientes com seus problemas, sob o pretexto de que, por definição, não cabe ao *coach* olhar para isso. Porém, essa é uma visão tradicional da questão. Ou seja, o *coach* cuida do *coaching*, o tutor e o terapeuta cuidam de outras questões e problemas. Isso me causava frustrações quando iniciei esse trabalho, pois não conseguia aceitar tal realidade, não me sentia bem com isso.

A partir daí construí meu próprio processo de *coaching*. Busquei na Antroposofia, por meio da Dra. Gudrun Burkhard, na Biografia Humana e posteriormente nas Constelações Sistêmicas Familiares e Organizacionais, dentre outros, a base para a arquitetura de uma metodologia que pudesse responder e se conectar aos desafios do mundo atual.

Os novos tempos estão a exigir de nós, consultores e *coaches*, novos conhecimentos e habilidades que nos possibilitem interagir com a totalidade do cliente. Todas as questões inerentes ao *performer* fazem parte dele; devemos, portanto, olhá-lo de forma integral, holística.

A medicina tradicional trata o ser humano de forma fragmentada, uma vez que, dividida em suas diversas especialidades, não contempla o todo. Para um *check-up* mais minucioso e profundo, talvez precisemos de quatro ou cinco médicos especialistas, cada um cuidando de uma parte do nosso corpo físico e dos processos vitais, de forma separada e fragmentada.

Nossa identidade, nossos relacionamentos, a satisfação ou insatisfação no trabalho quase nunca são considerados.

Na homeopatia e na medicina antroposófica, por exemplo, o profissional enxerga o cliente, ou paciente, como um todo, integralmente. As perguntas, nessa visão mais profunda, são, dentre outras, "como está o seu trabalho?" ou "como estão seus relacionamentos?".

As constelações sistêmicas aprofundam o olhar no sistema do cliente, para entender mais os problemas ou as questões que ele traz. Foca-se na restauração do equilíbrio, em caso de falta de harmonia no sistema familiar ou organizacional.

Dessa forma, desenvolvi uma metodologia em que podemos tanto trabalhar as questões dos clientes quanto orientar o *coaching* num mesmo processo. E tudo isso de forma mais rápida do que nos processos de *coaching* tradicionais.

Três ou quatro sessões são suficientes para consolidar o trabalho que faço com eles, mesmo quando trazem problemas ou questões que vão além da demanda do *coaching*.

O desafio é como ajudar os clientes a resolver ou superar seus próprios problemas, para que possam avançar no processo de *coaching*, bem como a questão do tempo já mencionado.

4. Biografia humana: as fases da vida e da carreira

A partir do aprendizado com os trabalhos de Gudrun Burkhard e de Bernard Lievegoed, desenvolvi uma nova metodologia para trabalhar com pessoas e organizações, com foco sistêmico e biográfico.

A Biografia Humana, baseada na Antroposofia, estuda as diversas fases, crises e oportunidades ao longo da vida e da carreira.

Trata-se de um instrumento de grande valor para ser considerado no trabalho de *coaching*. Com isso, ampliamos a visão do cliente para melhor entender e trabalhar suas crises e as oportunidades evidenciadas em sua própria biografia.

5. Sistema de Diagnóstico Avançado (SDA)

A partir das Constelações Sistêmicas de Bert Hellinger, o autor desenvolveu a metodologia Sistema de Diagnóstico Avançado (SDA), que contempla diagnóstico rápido e profundo das causas dos problemas dos clientes, no caso de *coaching*.

O SDA também pode ser aplicado a questões trazidas para efeitos de prognósticos em relação a alternativas dos clientes.

Nesses casos, a partir da questão ou do objetivo do *performer*, pode-se acessar o seu sistema familiar ou de relações, buscando trazer à tona possíveis bloqueios ou emaranhados que estejam impedindo o *performer* de decolar profissionalmente.

Bert Hellinger, ao desenvolver as Constelações Sistêmicas Familiares e Organizacionais, utilizou o método de observação do que acontece com o ser humano, as famílias e as organizações.

A partir do que observou, ele foi organizando o trabalho sistêmico e percebendo algumas ordens e leis naturais, na família e na organização, e constatou que o desrespeito em relação a elas são as causas de desequilíbrios na vida e na carreira dos autores ou de seus descendentes.

A SDA permite-nos diagnosticar rapidamente as causas dos emaranhados, propiciando a definição dos próximos passos para a solução dos problemas.

6. Coaching sistêmico

Por meio das metodologias da Biografia Humana e do SDA, podemos atuar como *coach* de forma a assegurar rapidez, qualidade e profundidade no apoio aos clientes, ajudando-os a arquitetar programas de *coaching* eficazes.

Com a integração das metodologias sistêmica e biográfica, podemos contribuir como *coach*, para apoiar o cliente em processos de mudanças e alavancagem de carreira.

Na experiência do autor, em grande parte dos processos de *coaching* individuais ou conduzidos em programas para organizações, três ou quatro sessões têm sido suficientes para o trabalho, alcançando resultados significativos.

Uma característica do *coaching* sistêmico é nos ajudar a enxergar no escuro, no oculto, esclarecendo informações e auxiliando na compreensão do cliente.

7. A arte do coach no processo

Anita Charton, terapeuta e consultora inglesa, nos trouxe, ainda na década de 1990, a vivência The Helping Conversation (Conversa Auxiliadora), que pode ser uma ferramenta útil ao *coach* nos processos de *coaching*.

A vivência inicia com a seguinte pergunta aos clientes: "Lembre-se de uma conversa que teve com outra pessoa na qual você tenha se sentido ajudado. Procure se lembrar do que essa pessoa fez para ajudá-lo".

Fiz essa pergunta a 25 pessoas numa empresa de origem japonesa, em Minas Gerais. Eis o resumo das respostas:

- Deu-me *feedback*;
- Estimulou-me;
- Apoiou-me;
- Ouviu-me com atenção, de forma simples, direta;
- Ajudou a ampliar minha visão;
- Ajudou-me a ver a realidade;
- Lançou-me desafios;
- Valorizou-me, reconheceu-me.

Em outra empresa, obtive as seguintes respostas:
- Trabalhou com perguntas, não com respostas;
- Reforçou meus pontos positivos;
- Não apontou erros em mim;
- Não me interrompeu enquanto eu falava;
- Deu importância ao que eu falava;
- Não me julgou, não me criticou, concentrou-se nos aspectos positivos;
- Dialogou, trocou, fez aparecer coisas novas, abertura para novos horizontes;
- Acompanhou os passos seguintes, deu segmento.

A partir dessas respostas, podemos concluir:
- É fundamental que eu sinta o que é importante para mim. Entrar em contato com o que me ajuda também pode servir para ajudar o outro.
- Tudo o que foi listado acima não acontece todos os dias, ocorre apenas quando existe uma graça, uma doação de nós para o outro ou vice-versa.
- É importante um caminho no qual buscamos no fundo da alma o que aplicar no dia a dia.
- Temos de trabalhar por isso, não cai do céu...

Importante notar pelas respostas anteriores que a pessoa que ajudou na conversa:
- Não entrou na esfera da pregação;
- Não tentou convencer o outro;
- Não tentou salvar o outro;
- Não se colocou em patamar de superioridade em relação ao outro;
- Não interferiu na liberdade do outro.

O *coach* deve usar basicamente perguntas, pois a conversa tem vida e precisa de cuidados.

Anita Charton apresentou-nos algumas qualidades na conversação baseadas nas características planetárias, descritas abaixo, as quais poderão ser utilizadas pelo *coach* à medida que as situações exijam. Pode-se dizer que é a arte do *coach*.

1. Lua – habilidade de resumir, espelhar, refletir o que a outra pessoa está fazendo, sem julgamento e sem interpretação. Ajudar o outro a ser descritivo e se manter no fenômeno, nos fatos.

2. Júpiter – habilidade de fazer perguntas, particularmente questões que ajudam a pessoa a encontrar sua própria relação com o futuro ou com o problema. Ajudar o outro a encontrar o que é essencial para ele.

3. Vênus – habilidade de ficar com a pessoa com empatia, para que ela se sinta segura e consiga explorar sentimentos e permanecer com eles.

4. Marte – habilidade de iniciar e ajudar o outro a confrontar aspectos de vida e de carreira que poderiam não ser tão confortáveis de olhar.

5. Mercúrio – habilidade de mobilizar, avivar a situação do outro, colocar em movimento.

6. Saturno – habilidade de trabalhar com imagens, parábolas, metáforas para ampliar a visão do contexto particular.

7. Sol – habilidade de estar totalmente presente com todo o seu ser. Faz a pessoa se sentir única no mundo. Característica marcante de alguns grandes líderes da humanidade.

8. Arquitetura do processo de coaching

É elaborada pelo *coach* em conjunto com o cliente. Em geral, contempla as seguintes fases:

a) Qual é a questão do cliente? Aspectos biográficos e sistêmicos são focados. Em casos de programas de *coaching* em organizações, são contempladas as demandas destas durante o processo;

b) Definição dos próximos passos para questões que eventualmente necessitem de solução;

c) Contratação, planejamento, definição de objetivos e de agenda de trabalho de *coaching*;

d) Diagnóstico e prognóstico sistêmicos em relação aos objetivos do cliente;

e) Plano de ação, execução;

f) Eventual contato entre cliente e *coach*, se necessário.

Observação: no *coaching* sistêmico de três a quatro sessões são suficientes, em razão da metodologia adotada.

9. Agradecimento especial

Agradeço aos queridos mestres Gudrun e Daniel Burkhard, pelo carinho e pela convivência de grande aprendizado ao longo de duas décadas; e, em especial, ao caro amigo Tarso Firace, pelo incentivo para que eu escrevesse meu primeiro capítulo.

8

Líderes e gestores de alta performance: resultados incríveis por meio do *coaching*

O líder *coach* potencializa essa influência, gerando alta performance em seus liderados e constituindo resultados fantásticos para as organizações

José Marcone

José Marcone

Graduado em Gestão Financeira pelos Institutos Paraibanos de Educação (UNIPÊ), pós-graduando em Gestão de Pessoas e Liderança pelo Instituto Coimbra. MBA Executivo em *Coaching* pelo Instituto Prominas (pós-graduando). *Professional & self coach e leader coach* com certificação internacional pelo Instituto Brasileiro de Coaching (IBC), analista comportamental e 360º. *Coach* e mentor com certificação Internacional ISOR pelo Instituto Holos de Qualidade. Participante do Programa de Desenvolvimento Pessoal para Líderes da Harvard Business Review Brasil. Instrutor e consultor pela LM Consultoria, *Coaching* e Treinamento desde 2012. Experiência na área de Recursos Humanos há mais de 10 anos em empresas nacionais e multinacionais.

Contatos
marconecoach@hotmail.com
/lmconsultoriaecoaching
(83) 99144-0848

O líder é alguém que consegue levar um grupo de pessoas a um lugar aonde elas mesmas não acreditam que sejam capazes de ir.
Bob Eaton

Coaching

A palavra *coaching* tem dois conceitos relacionados, um com origem na Hungria, onde, no século XV, eram fabricadas carruagens denominadas Kocsi Szeker, remetendo, portanto, a um veículo que transporta pessoas, sentido menos usual da palavra atualmente; o outro, com significado mais usual hoje, remete às famílias britânicas muito ricas que levavam em suas viagens de negócios um servo que lia para as crianças no interior da carruagem (*coaches*), de forma a treiná-las naquilo que deveriam estudar. Esse conceito está, portanto, relacionado a treinamento (COSTA, 2015).

Araújo (1999, p. 25, apud COSTA, 2015, p. 69) define que "*Coach* é o papel que você assume quando se compromete a apoiar alguém a atingir determinado resultado". Dessa forma, o *coach* é o profissional que enxerga em seu cliente (*coachee*) suas limitações e suas potencialidades ainda não desenvolvidas e o ajuda a encontrar uma forma de superar tais limitações, a partir de seu apoio.

Já conforme Timothy Gallwey (1997, apud COSTA, 2015, p. 69) "*coaching* é uma relação de parceria que revela e liberta o potencial das pessoas de forma a maximizar o desempenho delas. É ajudá-las a aprender ao invés de ensinar algo a elas".

Taie (2011, apud COSTA, 2015, p. 70) afirma que o "*coaching* é a arte e a prática de inspirar, energizar e facilitar o desempenho, a aprendizagem e o desenvolvimento do *coachee*".

Coaching, portanto, não se limita apenas ao treinamento convencional, mas vai muito além, uma vez que o *coach* acompanha o *coachee* até que o resultado seja alcançado. Essa é a principal diferença entre *coach* e treinamento. A função do *coach* é fortalecer as capacidades do *coachee*, de modo que suas intenções se transformem em ações, que, por sua vez, se traduzam em resultados extraordinários. *Coaching* é, de certa forma, empoderamento (COSTA, 2015).

> A necessidade de inovação nas empresas, geração de ideias mais criativas para resolução de problemas, engajamento de equipes para melhor comunicação e maior rapidez no atingimento dos objetivos organizacionais são algumas razões da aplicação do *coaching* no mundo organizacional. No meio organizacional, o *coaching* tem o papel de desenvolver a capacidade de liderança; melhorar o trabalho em equipe; alinhar metas do profissional e da organização, de modo a elevar a produtividade e a qualidade de vida de quem se submete ao processo (MELO et al., 2015, p. 6-7)

O desenvolvimento humano e organizacional

O desenvolvimento de competências ocorre por meio da aprendizagem, iniciando-se na aprendizagem individual e expandindo-se pela aprendizagem em grupo. Adquirir conhecimento e competências não é um processo lógico cumulativo, mas envolve uma adição de novos saberes, os quais vão se integrando àqueles já detidos pela pessoa (MELO et al., 2015).

> O tipo de aprendizagem que mais influencia a pessoa é aquele que se adquire por meio de reflexões, experiências e ações. [...] Assim, o indivíduo percebe uma realidade, analisa-a, formula uma hipótese, aplica-a e verifica o resultado

da ação, ajustando então seus padrões de comportamento às impressões derivadas daquela nova experiência. (idem, p. 4)

Os autores ainda destacam que "a capacidade de aprender em nível individual e organizacional é a base para a pessoa se tornar adaptável às mudanças. O autodesenvolvimento e a aprendizagem autodirigidas são a base no processo de desenvolvimento de gerentes" (ibidem, p. 4). Organizações voltadas ao aprendizado são capazes de "adquirir, criar, produzir novos *insights*, transferir conhecimentos e modificar o comportamento de seus membros" (ibidem, p. 5). Sob essa óptica, o *coaching* é uma ferramenta eficiente e eficaz nos processos de aprendizado, liderança e desenvolvimento humano e organizacional.

Sendo assim, o *coaching* pode ser praticado em diversos contextos dentro da organização, pois sua prática é dinâmica e progressiva. Normalmente, é praticado para desenvolver pessoas e favorece o processo de mudanças inovadoras. O *coach*, portanto, tem entre suas atribuições subsidiar os envolvidos no processo para que alcancem conhecimento, habilidades e atitudes necessárias para, diante das oportunidades, agir em direção aos objetivos pessoais/organizacionais (MELO; BASTOS; BIZARRIA, 2015).

Liderança

Gerir é coordenar a execução de processos, e liderar é coordenar a execução do capital humano. Processos são gerenciados, e pessoas são lideradas. E a liderança também é um tema bastante estudado, e há muito tempo. Por ser um assunto muito difundido e amplamente estudado, há muitas definições para o termo liderança, porém todas sempre compartilham a ideia central de que o líder é alguém que conduz um grupo ou uma equipe na busca de objetivos em comum e em troca recebe dos membros do grupo o devido reconhecimento e aceitação de sua autoridade para gerir pessoas.

De acordo com James Hunter (2004, p. 25), "a liderança é a capacidade de influenciar pessoas para trabalharem entusiasticamente na busca dos objetivos identificados como sendo para o bem comum".

Para Peter Drucker (SOZIO, 1998, apud ROCKENBACH, 2015), a "liderança não é em si boa ou desejável, liderança é um meio de conseguir algum resultado proposto. Para o autor, um líder precisa encarar a liderança como uma responsabilidade, não como posição e privilégios".

Já de acordo com Motta (1999, p. 210, apud SOZIO; ROCKENBACH, 2015), "o líder é o indivíduo capaz de canalizar atenção dos participantes e dirigi-la para ideias comuns", ou seja, é aquele que conduz os demais no desenvolvimento de suas atribuições dentro da empresa, visando realizá-las da melhor forma.

Para Romão (2000), a definição de liderança surgiu da observação de que a pessoa responsável em todas as empresas era aquela com o poder de influenciar um grupo de pessoas com a finalidade de facilitar o alcance de metas ou mesmo o alcance de determinados objetivos.

> A liderança é definida como a capacidade de influenciar um grupo, a fim de buscar e alcançar objetivos comuns. Essa influência pode ser formal, como a conferida por um alto cargo na organização, ou pode surgir naturalmente de dentro de um grupo. O exercício da liderança exige preparo, criatividade e determinação. Nesse sentido, entende-se que a capacidade de liderar precisa ser construída e aprimorada diariamente. Todavia, para que o enfermeiro exerça a liderança, em âmbito hospitalar, é indispensável que o mesmo compreenda o seu significado e sua relevância enquanto uma competência profissional, reconhecendo os atributos essenciais para que ela aconteça. (SILVA; CARMELO, 2013, p. 2)

Portanto, liderança é o processo de dar propósito, ou seja, um rumo ao esforço coletivo, de forma a provocar no grupo o desejo de despender esse esforço para atingir determinado objetivo. A liderança é realizada mediante a influência pessoal, regida pelo efetivo processo de comunicação.

Welch (1993, apud KRAMES, 2006, p. 9) afirma que as empresas precisam de "líderes capazes de energizar, motivar e inspirar, em vez de irritar, deprimir e controlar". Para Sozio e Rockenbach (2015, p. 29),

> Existe um conjunto de fatores e habilidades que determinam se o gestor pode se tornar um líder, os quais são: dimensões organizacionais e dimensões interpessoais. As dimensões organizacionais são habilidades referentes ao domínio dos conhecimentos que o indivíduo possui dentro da organização. E as dimensões interpessoais, que se referem às habilidades interpessoais, se tornando a própria essência da liderança, assim o gestor obtém o apoio e comprometimento dos seus colaboradores.

Teorias e modelos de liderança

Existem várias teorias sobre liderança. Dentre as principais estão a teoria dos traços de liderança; a teoria da liderança comportamental, a qual se divide em três estilos de líderes: o autocrático, o democrático; a teoria situacional e a teoria da liderança carismática.

Para Robbins, "o fato de um indivíduo apresentar determinados traços e ser considerado um líder pelos demais não significa, necessariamente, que ele será bem-sucedido em liderar seu grupo para o alcance dos objetivos" (ROBBINS, 2005, p. 259). Essa teoria não conseguiu provar empiricamente que o líder é fruto de traços genéticos e já nasce com a capacidade inata de liderar. Destacamos a seguir algumas teorias sobre liderança, conforme Sobral e Pecci (2008).

Teoria da liderança comportamental

A teoria da liderança comportamental influenciou o estudo da liderança pela crescente ênfase da psicologia nos aspectos comportamentais. Vários estudos foram feitos para comprovar tal teoria, entre os quais se destacam os estudos da Universidade de Michigan, que buscaram centrar o comportamento do líder apenas em relação a dois aspectos: o líder voltado para o funcionário e o líder voltado para a produção. No primeiro caso, quando o líder é voltado para o funcionário, o seu foco é direcionado para o relacionamento interpessoal, denominado consideração, que inclui itens como relacionamento, preocupação pelos sentimentos dos liderados e comunicação aberta e participativa; já no segundo, o líder é focado nos aspectos técnicos da tarefa ou na iniciação de estrutura, com o direcionamento para metas, objetivos e *feedback* (SOBRAL; PECCI, 2008).

Estilo autocrático

"Caracteriza-se pela centralização da autoridade e do processo de tomada de decisão, pela determinação autoritária da forma e dos métodos de trabalho e pela baixa participação dos funcionários" (SOBRAL; PECI, 2008, p. 218). É um estilo totalmente centrado no líder, que não considera que seus liderados possam contribuir nem muito menos que devam ser consultados. O líder de estilo autocrático é centralizador e guarda as informações importantes em seu poder, além de não confiar na capacidade da equipe nem delegar atividades.

Estilo democrático

Distingue-se pela participação e envolvimento dos funcionários no processo de tomada de decisão, pela delegação da autoridade e pela decisão em conjunto da forma e dos métodos de trabalho. Esse estilo pode ser consultivo ou participativo – o líder democrata consultivo escuta as opiniões dos membros organizacionais, mas toma a decisão, enquanto o democrata participativo permite a decisão no próprio processo de decisão. (SOBRAL; PECI, 2008, p. 218)

É um estilo em que o líder sempre procura ouvir os liderados, porém nem sempre acata suas opiniões. No entanto, ao deixá-los fazer parte da tomada de decisão, o líder já é visto com outros olhos por seus liderados, de modo mais positivo, obviamente.

Teoria situacional

Essa teoria foi desenvolvida por Hersey e Blanchard (apud ROBBINS, 2005, p. 267) e trabalha no escopo do comportamento dos funcionários para determinar o comportamento apropriado de liderança.

A teoria da liderança situacional percebe a relação líder-liderados de maneira análoga àquela existente entre pais e filhos. Da mesma forma que os pais devem reduzir o controle sobre os filhos quando estes se tornam mais maduros e responsáveis, o mesmo deve ser feito pelo líder [...] O comportamento mais eficaz depende da capacidade e da motivação dos liderados. De acordo com essa teoria, se os liderados forem incapazes ou estiverem desmotivados para executar uma tarefa, o líder precisará oferecer orientações claras e específicas; se os liderados forem incapazes, mas estiverem motivados para executar uma tarefa, o líder precisará oferecer muita orientação para a tarefa para compensar a falta de habilidade dos liderados, além de muita orientação de relacionamento para conquistá-los. Se os liderados forem capazes, mas estiverem desmotivados, o líder precisará usar um estilo apoiador e participativo; e, finalmente, se os liderados forem capazes e estiverem motivados, o líder não precisará fazer muita coisa. (ROBBINS, 2005, p. 267)

Teoria da liderança carismática

Sobral e Peci (2008) apontam alta correlação entre os bons resultados da organização e o estilo carismático de seus líderes/gestores, porque os funcionários sentem-se mais prestigiados e reconhecidos, o que tende a diminuir o estresse no ambiente de trabalho, aumentando, assim, a produtividade e proporcionando, consequentemente, melhor qualidade de vida. Por ser baseada na influência que o carisma do líder possui entre seus liderados, essa teoria vem ganhando muitos adeptos ultimamente, tendo atingido seu auge na década de 1990, quando grandes empresas norte-americanas passaram a valorizar esses líderes carismáticos, chegando, em alguns casos, a intitulá-los salvadores únicos e supremos. No entanto, essas empresas não levaram em consideração o risco de elevar ao status de deuses seus líderes, inflando, assim, o seu ego. Algumas empresas tiveram problemas com o ego de alguns desses líderes, ocorrendo casos de mau uso dos recursos da empresa em benefício próprio.

Líder *coach*

O *coaching* tem papel fundamental na liderança, sendo seus fundamentos a moderna abordagem da liderança, a qual opera em um ambiente de trabalhadores do conhecimento, turbulento, flexível e disperso, e é extremamente exigida. O *coaching* é, portanto, uma atividade tradicional e pragmática que ajuda executivos e líderes a construírem o caminho de alcance de seus objetivos organizacionais e pessoais também (ALVES, 2012).

> O *coaching* é uma competência gerencial, mas também uma técnica conversacional de formação humana baseada em modelos de aprendizagem. É um processo dos mais úteis para tal objetivo, pois apoia o cliente na busca da realização de metas e aspirações por meio da identificação e uso das próprias competências desenvolvidas, como tam-

bém do reconhecimento e superação de fragilidades. O *coaching* é uma abordagem comportamental mutuamente benéfica para os indivíduos e as organizações nas quais trabalham ou com as quais se relacionam. Não é meramente uma técnica ou um evento que ocorre apenas uma vez, é um processo estratégico que agrega valor, tanto às pessoas que estão sendo aconselhadas quanto ao resultado financeiro final da organização. (ALVES, 2012, p. 21-22)

Reis (2011, apud ALVES, 2012, p. 22) define o líder *coach* como o que "prepara os membros de sua equipe, gasta tempo com o autodesenvolvimento e com o desenvolvimento de seus colaboradores, para instituir na organização a perspectiva da aprendizagem constante, como princípio da superação". O autor afirma que a capacidade de atuação como *coach* potencializa o líder e enriquece o trabalho de sua equipe, acrescentando-se patamares maiores de motivação da equipe, melhorando o clima organizacional e a relação interpessoal, gerando profissionais de alta performance.

Assim, o significado do termo *coach* pode ser traduzido como a pessoa que ensina e conduz, tendo como base o conceito utilizado no mundo corporativo. Na literatura de negócios, o termo foi usado em 1950 como uma habilidade de gerenciamento de pessoas. O termo *coaching* apareceu pela primeira vez na literatura de gestão durante o ano de 1950, na qual era reconhecido como uma das responsabilidades do gestor no desenvolvimento de seus subordinados, numa relação mestre-aprendiz. O

> *coaching* surge como contraste da cultura de gestão atual, baseada em controlar os outros, para uma nova cultura que tem como propósito capacitar outros. Assim, treinamento é concebido como aquela conversa que cria a nova cultura de gestão, e não como uma técnica dentro da cultura antiga. Isso acontece numa característica particular de relação entre o gestor e seus subordinados. (COSTA, 2015, 67-68)

Segundo Costa (2015), o *coaching* pode ser expresso, portanto, como uma nova forma de estilo gerencial, como parte de transformação da cultura de liderança, baseada nos seguintes pilares:
- Substituição da hierarquia pela cooperação;
- Avaliação justa e honesta;
- Automotivação em detrimento de fatores motivacionais externos;
- Substituição da pressão no trabalho pelo desafio no trabalho;
- Aceitação da mudança.

Os métodos de *coaching* criam um novo modelo de organização, o qual amplia os conceitos de responsabilidade, liderança e aprendizado. "Ele promove o aprendizado organizacional para que os interesses honestos de todas as partes interessadas seja procurado com frequência pelos indivíduos por meio da organização" (COSTA, 2015, p. 68).

Whitmore (2010, apud COSTA, 2015, p. 68) afirma que a liderança *coaching* é:

> Uma intervenção cujo objetivo básico e permanente é a construção da autoconfiança dos outros, independentemente do conteúdo da tarefa ou do problema. Nesse sentido, os gestores que pensarem e agirem com base nesse princípio, e com persistência e autenticidade, ficarão per-

plexos com as melhorias nos relacionamentos e na consequente performance. Nesse sentido, ser um *coach* significa ser um profissional qualificado a ajudar uma pessoa a ampliar suas competências, levando-o de um posicionamento a outro, mantido por seus princípios e valores, ao passo que a expressão *coaching* é utilizada para designar esse processo de ajuda.

"*Coaching* é um exercício refinado de liderança. Todo *coach* é um líder, mas nem todo líder é um *coach*" (ARAÚJO, 1999, p. 28, apud COSTA, 2015, p. 71). Isso significa que dentro da organização, para exercer o papel de *coach*, não necessariamente é preciso estar em função acima do *coachee*.

Para Goldsmith (2002, apud ALVES, 2012), o líder terá maior credibilidade e será um agente ativo da mudança, ajudando as pessoas a se desenvolverem e a desenvolverem um hábito essencial para o sucesso organizacional, quando se tornar um líder *coach*, de maneira eficaz.

Já segundo O'Neill (2000, apud ALVES, 2012, p. 23):

> Nas ocasiões em que o líder assume o papel de *coach*, cometem o erro de minimizar seu papel de chefe do funcionário, o que gera confusão na cabeça deste, resultando em um *coaching* improdutivo por parte do chefe. O executivo que quiser realizar *coaching* de seus funcionários deverá manter claros seus dois papéis: como chefe, será o patrocinador; como *coach*, será um agente da mudança. O líder, por exemplo, é quem cobra a obtenção de resultados. O *coach* auxilia a incrementarem suas habilidades para que consigam atingir os resultados.

Porché e Niederes (2002, apud ALVES, 2012) afirmam que o líder deve se empenhar em criar um futuro, na visão da organização, com um foco maior nos resultados, analisando o desempenho do negócio, antecipando-se, assim, aos problemas e às necessidades, articulando as estratégias e os recursos do negócio, de modo que não tenha o compromisso de assessorar pessoas de forma direta e, quando o fizer, que se concentre em sua equipe. Diferentemente do líder, o *coach* foca nas pessoas, no futuro da pessoa e do grupo, ajudando-os a analisar seu desempenho, estimulando-os a antecipar seus problemas e suas necessidades, a criar, analisar e usar seus próprios recursos para atingir seus objetivos. O *coach* tem ainda o compromisso de assessorar pessoas mesmo que não sejam de sua equipe. Sendo assim, quando assume o papel de *coach*, o líder atuará das duas formas, tanto estabelecendo os objetivos a serem alcançados quanto ajudando as pessoas a atingirem tais objetivos.

Conclusões

O *coaching* é uma prática que permite o alcance de resultados, por meio da produtividade pessoal e em equipe, assim como por meio do desenvolvimento de uma equipe, de um time. Alcançar resultados em um cenário organizacional cada vez mais complexo e competitivo não é simples, mas o alcance desses resultados organizacionais é facilitado quando se potencializa o desenvolvimento humano, por meio do *coaching*.

Após esta revisão de literatura, pode-se perceber que o papel do *coach* é ajudar as pessoas a se desenvolverem, por meio de suas habilidades e suas competências, de forma que as potencialize e conquiste novas. Entretanto, o *coaching* não é um treinamento. O fato de o *coach* acompanhar o *coachee* até o alcance de seus objetivos diferencia o *coaching* de um simples treinamento. Podemos afirmar, então, que o *coaching* é o alicerce para o alcance de objetivos pessoais, por meio de ferramentas estruturadas, as quais permitirão ao *coachee* desenvolver-se, a ter uma extraordinária performance.

Destarte, um *coachee* não necessariamente é um cliente formalizado do *coach*, e sim qualquer pessoa que esteja sendo ajudada por meio das ferramentas de *coaching*, por parte de um *coach*. Ou seja, um gestor pode ser um *coach* e um membro de sua equipe, um *coachee*, da mesma forma que um supervisor pode atuar como *coach* de um diretor, potencializando suas habilidades e/ou ajudando-o a encontrar suas fraquezas, de forma a desenvolver habilidades e competências que as minimizem.

Existem na literatura várias metodologias de liderança, sendo esse um tema bastante amplo e estudado. Entretanto, para que sejam alcançados resultados excepcionais, tornando o gestor um líder de alta performance, é necessário que ele combine seu estilo mais predominante de liderança com o *coaching*, pois este potencializa aquele. Transformando-se em um líder *coach*, o gestor está buscando uma nova visão em termos de liderança, baseada em conceitos avançados de gestão, os quais quebram paradigmas fortes, preconizados por muito tempo no mundo organizacional.

A principal mudança de paradigma ao compreender que o *coach* potencializa a liderança, de maneira a torná-lo um líder de alta performance, está no sentido do direcionamento, uma vez que não importa mais o poder, e sim a autoridade; não é mais a hierarquia o ponto-chave para o cumprimento do trabalho, e sim a cooperação, pois a avaliação passa a ser justa e equitativa; a automotivação tende a ser preconizada, uma vez que o líder no papel de *coach* ajuda os membros da equipe a encontrar seus caminhos; e, sobretudo, a mudança passa a ser bem-vista, pois a pressão tende a ser diminuída no ambiente do trabalho.

Assim, é fundamental que os gestores tracem estratégias de desenvolvimento humano, a fim de potencializar seus resultados, a partir da prática do *coaching*, aliada à liderança tradicional. Ao fazer isso, estarão se transformando em gestores de alta performance.

9

Demissão: uma reflexão para líderes e liderados

O momento atual que vivemos na economia pressiona o mercado em geral a agir e a tomar decisões que na maioria das vezes geram revisões de quadro pessoal. Desejo apresentar a você algumas das melhores e das piores práticas ao se deparar com o tema demissão, mostrando as dores, as consequências e as oportunidades que podem se apresentar aos envolvidos

Laura Pacheco

Laura Pacheco

Professional coach e analista comportamental pela ferramenta DISC®, pela Sociedade Latino Americana de Coaching; *storyteller*. Membro da Sociedade Latino Americana de Coaching e do Master Mind Coaches Brasil. Seu foco de atuação é em *Life Coach & Mentoring* visando o equilíbrio das áreas da vida e o compartilhamento de *expertise* profissional para a conquista dos resultados desejados. Administradora de empresas pela Multivix; pós-graduada em Gestão do Entretenimento pela Escola Superior de Propaganda e Marketing (ESPM) e em Gestão Industrial pela Federação das Indústrias do Estado do Espírito Santo (Findes); especialista em Liderança Global pela Fundação Dom Cabral (FDC). Com experiência há mais de 15 anos no mercado privado em empresas de grande porte, como Nestlé, Chocolates Garoto, Laboratórios B. Braun e Grupo Globo, nas áreas de Planejamento, Pesquisa e Desenvolvimento e Negociação, atua como *professional coach* e como executiva no mercado privado.

Contatos
laura@coachlaurapacheco.com
www.facebook.com/lpachecocoah
(21) 99110-3952

Cenário atual

Vivemos um momento de grandes desafios no mercado como um todo: econômico, financeiro e principalmente político. Na história mais recente do país, o avanço que parecíamos ter conquistado em nossos indicadores, tão comemorado e aclamado há bem pouco tempo, caiu por terra com os primeiros escândalos envolvendo políticos que carregaram "dinheiro na cueca", pagaram e receberam propina em um grande esquema chamado Mensalão, entre tantos outros de que talvez nem tenhamos conhecimento, culminando agora com a investigação Lava-Jato, que nos revela uma tubulação sem fim que canaliza instituições, poderes e organizações, deixando-nos estarrecidos e perplexos a cada nova notícia anunciada. O tema desemprego veio a fazer parte de nosso dia a dia de forma cada vez mais presente e crescente. Segundo dados do Instituto Brasileiro de Geografia e Estatística (IBGE), a taxa atual de desocupação saltou de 6,8% no primeiro trimestre de 2015 para 9,5% no primeiro trimestre de 2016, resultando num confronto direto entre os trimestres deste ano e os do ano passado, com um aumento de 42,3%. E não sabemos onde isso vai parar, visto que não há, ainda, perspectivas do que virá a acontecer.

Taxa de desocupação para os trimestres móveis ao longo dos anos						
Trimestre móvel		2012	2013	2014	2015	2016
1º	nov-dez-jan	...	7,2	6,4	6,8	9,5
2º	dez-jan-fev	...	7,7	6,8	7,4	10,2
3º	fev-mar-abr	7,9	8,0	7,2	7,9	10,9
4º	fev-mar-abr	7,8	7,8	7,1	8,0	11,2

5°	mar-abr-maio	7,6	7,6	7,0	8,1	11,2
6°	abr-maio-jun	7,5	7,4	6,8	8,3	11,3
7°	maio-jun-jul	7,4	7,3	6,9	8,6	
8°	jun-jul-ago	7,4	7,3	6,9	8,6	
9°	jul-ago-set	7,1	6,9	6,8	8,9	
10°	ago-set-out	6,9	6,7	6,6	9,9	
11°	set-out-nov	6,8	6,5	6,5	9,0	
12°	out-nov-dez	6,9	6,2	6,5	9,0	

> No trimestre de novembro de 2015 a janeiro de 2016, havia cerca de 9,6 milhões de pessoas desocupadas no Brasil. Essa estimativa no trimestre de agosto a outubro de 2015 correspondia a 9,1 milhões, representando um acréscimo de 6,0% (545 mil pessoas). No confronto com igual trimestre do ano passado, essa estimativa subiu 42,3% (2,9 milhões de pessoas).

Nesse cenário desafiador, organizações e empresas buscam encontrar soluções que venham a contribuir para a diminuição de custos e o aumento da produtividade. Fazer mais com menos torna-se um imperativo para a sobrevivência no mercado. Entre diversas análises e revisões estratégicas para garantir uma continuidade de atuação, uma das medidas a serem adotadas é a revisão de recursos utilizados. Fica evidente que com menor produção faz-se necessário o corte de profissionais, resultando em diminuição no quadro de pessoas, visto que toda a cadeia produtiva está afetada com o baixo poder de consumo que se estabeleceu e que segura a engrenagem de produção que faz girar a economia. A redução de pessoas passa a ser uma realidade e atinge todos os segmentos, alguns mais, outros menos, porém todos passam a conviver com o assunto desemprego e, consequentemente, precisam saber lidar com o tema demissão.

Bem antes da demissão
Observando o caminho de qualquer carreira dentro de uma organização, nos deparamos com a captação de recursos, que tem início no recrutamento e é seguida pela seleção de profissionais para o preenchimento de uma vaga ou uma função, a qual deverá ser exercida pelo contratado – funcionário, colaborador ou liderado. São nessas etapas que se darão a apresentação das partes, as expectativas a serem preenchidas, as atitudes desejadas, os valores praticados, os resultados a serem entregues, assim como toda a conveniência para o funcionário de salários, benefícios e outros. Quando a empresa admite um profissional, é porque constatou nele condições que foram comprovadas por meio de documentos, experiências, testes ou dinâmicas específicas que se apliquem ao cargo a ser ocupado. Por sua vez, o profissional, ao ser admitido, também está de alguma forma convencido de que é sua oportunidade de trabalhar, mostrar seu potencial e executar o que lhe foi dito como esperado de forma a somar, acrescendo à equipe de que passará a fazer parte. Quando essa etapa é considerada estratégica dentro da organização, minimizam-se bastante as situações que possam vir a terminar em demissões imprevistas ou precoces, uma vez que tanto empresa quanto candidato estarão bem informados e alicerçados quanto às variáveis que permearão seu relacionamento.

São muito importantes a clareza e a objetividade no repasse de informações tanto por quem seleciona quanto por quem está sendo selecionado. A congruência entre o que se fala e o que se faz também é imprescindível para o relacionamento profissional entre as partes, pois com o tempo as ações praticadas no dia a dia do trabalho, a resolução dos desafios e dos conflitos e o tratamento dos processos acabam por confrontar o que foi dito e o que está sendo praticado no ambiente de trabalho, tanto pelo funcionário quanto pela empresa. Esses arranjos entregam quem é o funcionário na prática, além da cultura e do clima da organização.

Não é à toa que as empresas passaram a investir cada vez mais nessa etapa ao buscar profissionais no mercado. Minimizar ao máximo a demissão imprevista está alinhado a boas práticas, visto que recrutar e selecionar de forma assertiva minimiza também os altos custos financeiros desses processos. Avaliações comportamentais, mapeamentos de tendências, atitudes e outros vêm sendo intensificados no intuito de conhecer melhor o candidato à vaga e ver se ele se encaixa no perfil desejado. A prática de *coaching*,[1] aliada a ferramentas de *Assessment*,[2] poderá apoiar nessa etapa, evidenciando pontos fracos e fortes, tendências comportamentais, a tendência dominante, entre outros. Por se tratar de ferramentas de desenvolvimento humano de alta performance, geralmente são aplicadas com maior frequência na fase de afunilamento dos candidatos, naqueles que apresentam os requisitos desejados e já passaram por dinâmicas e algumas entrevistas com diferentes profissionais. Para esses o processo de *coaching* vem como uma parceria que tem por objetivo verificar o que a pessoa já tem e o que lhe falta para adquirir as competências do que quer atingir, além de começar a preparar o potencial candidato a conquistar sua plenitude já engajado pelos valores da empresa e pelas metas e resultados que precisará atingir, o que gera aumento de assertividade no processo como um todo.

A liderança em ação

O líder é por si só um colaborador diferenciado dentro de uma organização. É ele quem vai desdobrar os planos estratégicos traçados pela alta direção da empresa junto às equipes e justificar, em termos econômicos, financeiros ou sociais, a existência delas.

O líder é aquele que coloca a equipe em ação para o atingimento do resultado esperado, a fim de garantir uma operação, a presta-

---

1 *Coaching*: de forma bem sintética, é um processo de desenvolvimento humano que visa apoiar o cliente (*coachee*) a atingir o que quer (uma meta), utilizando tudo o que já tem e alavancando seu potencial para competências e habilidades que precise desenvolver.

2 *Assessment*: é um mapeamento de competências que busca conhecer com maior eficiência e critério as pessoas, por intermédio de técnicas e avaliações que conduzem ao diagnóstico do potencial delas.

ção de um serviço, o atendimento direto ao cliente e tantas outras atividades do mercado em geral. Ele está totalmente alinhado com a empresa e comprometido com a equipe em garantir a continuidade das atividades, primando por alocar e distribuir os profissionais da melhor forma para utilizar o potencial máximo de cada um, considerando o talento, a capacidade e as habilidades de cada um. A atuação do líder assemelha-se à montagem de um grande quebra-cabeça, em que cada elemento corresponde a imprimir um resultado perfeito e único no conjunto da obra. É ele também quem busca perante a organização as ferramentas, os equipamentos e os processos que otimizem a realização do trabalho pela equipe, de modo a obter o resultado esperado pela empresa ou até superá-lo.

O líder é, metaforicamente falando, quase um herói no sentido de transitar nesse fluxo de informações gerado pela alta direção e nos desdobramentos dessas diretrizes e metas diante de sua equipe, porém é humano e também falha. E para acrescer seu rol de tarefas, ele também decide quem entra e quem sai da equipe. As duas decisões acabam por ter consequências diretas na sua administração e em como a empresa é vista por seus *stakeholders*.[33]

Todo líder já se deparou ou certamente irá deparar-se com a tarefa da demissão. Por isso, prepará-lo e apoiá-lo para tal tarefa parece fazer todo o sentido, uma vez que, independentemente do cargo do profissional que está sendo desligado e dos motivos que levaram a esse desfecho, estão envolvidos o profissional, a empresa e o próprio líder, e, dentre eles, o primeiro, pelas circunstâncias do rompimento, é quem sofrerá diretamente as consequências iniciais do processo.

Não raro, no mercado atual, as empresas contratam serviços de *outplacement* de empresas especializadas em realizar a demissão e a transição de carreiras, se for esse o caso, dos profissionais que serão disponibilizados ao mercado. Elas ficam responsáveis por

---

3 *Stakeholder* é uma pessoa ou um grupo que legitima as ações de uma organização e que tem um papel direto ou indireto na gestão e nos resultados dessa mesma organização. É formado por funcionários da empresa, gestores, gerentes, proprietários, fornecedores, concorrentes, ONGs, clientes, Estado, credores, sindicatos e diversas outras pessoas ou empresas que estejam relacionadas com uma determinada ação ou projeto.

conduzir o assunto com transparência e de modo correto desde o início e de buscar realocações no mercado para esses profissionais.

Essa prática é mais aplicada pelas empresas quando o demitido é um executivo que colaborou para resultados e metas alcançados de forma relevante e tem um relacionamento com pares internos e externos ligados à empresa. No pacote de desligamento podem ser atrelados alguns benefícios extras aos de contrato de trabalho pela Consolidação das Leis Trabalhistas (CLT), a fim de lhe garantir um período de tranquilidade e dignidade para gerir a nova condição perante seus compromissos financeiros e sociais. Em muitos casos esse tipo de profissional, após ser demitido, pode vir a continuar na empresa como um consultor, porém sem vínculos empregatícios, visto o amplo conhecimento que tem dos negócios.

Na ampla maioria dos casos que partem da média gerência para os demais colaboradores da empresa, a demissão é realizada pela gestão. É o líder quem demite, e ele precisa estar preparado para realizar a demissão, evitando constrangimentos e transtornos que possam vir a acontecer. É a forma de o gestor demitir que fará toda a diferença nos desdobramentos do processo. É preciso ter coerência ao demitir. Por exemplo, se a organização tem como valor cuidar de seus talentos e proporcionar ambientes para que estes aflorem e gerem ideias que venham a fazê-la se destacar em sua atuação e ela declara esse valor, é importante que no decorrer e no fim de um ciclo de trabalho ela mantenha o que declara.

Hoje se utiliza muito o termo *compliance* no mundo corporativo, que significa estar em conformidade com leis e regulamentos externos e internos da empresa. Segundo o professor Mário Sérgio Cortella,

> *Compliance* não pode ser uma palavra que tenha uma vacuidade imensa na prática do cotidiano. Empresas que têm esse tipo de dissintonia precisam de cautela, porque hoje o nível de informação e difusão do que quebra a reputação de uma orga-

nização é de uma velocidade que antes nunca se teve, de modo que o *compliance* ganhou um valor negocial muito mais forte. Não é para ser decente, mas para a empresa continuar existindo. Portanto, é um valor de sobrevivência no mercado.

Quando uma empresa e seus líderes quebram regulamentos internos, ficam sujeitos a ter a imagem distorcida por seus colaboradores, principalmente os que estamos abordando com maior ênfase aqui, aqueles que foram ou serão demitidos da empresa. Essa distorção transcende o ambiente organizacional e expõe a organização para o ambiente externo.

Algumas das melhores práticas que ajudam a gestão a conduzir o ato da demissão de forma profissional e respeitosa

- Planejar dia, horário e local reservado para comunicar a notícia.
- Providenciar sala que tenha material de suporte – telefone, água, lenços, etc.
- Conhecer e seguir os procedimentos de demissão da empresa.
- Solicitar a presença de um profissional de Recursos Humanos se sentir necessidade.
- Informar-se antes sobre as questões de aviso prévio, férias, FGTS, pacote de benefícios, entre outros.
- Falar de forma direta o motivo da demissão e o critério de escolha.
- Documentar tudo e enviar aos departamentos envolvidos.
- Organizar-se estrategicamente para substituir o demitido.
- Comunicar e explicar ao restante da equipe a saí-

da do profissional demitido após o ocorrido.

A gestão que utiliza as melhores práticas leva em consideração o lado humano do indivíduo e procura apoiá-lo no ato do encerramento de um ciclo profissional.

Não estamos falando aqui de sentimentalismos ou de preferências, e sim de preparo e cuidado. Não criar ansiedades desnecessárias nem traumas psicológicos a serem tratados em longo prazo faz todo sentido para a empresa, a gestão e o colaborador, pois, independentemente dos motivos da demissão ou da extinção de cargos ou funções, todos os envolvidos são pessoas, seres humanos com seus universos únicos e complexos.

Vale ressaltar que as empresas são organizações que visam, em sua maioria, gerar lucro para dar continuidade à sua operação e à sua existência, além das questões sociais e da visão e da missão a que se propõem. É legítimo fazer os movimentos necessários para garantir que planos estratégicos e de desempenho sejam executados com os melhores recursos – em que o líder aposta – para alcançar as metas com que se comprometeu e justificam sua presença como gestor.

Algumas das piores práticas que colaboram para que o ato da demissão seja constrangedor e desrespeitoso

- Realizar a demissão em local com a presença de outras pessoas e/ou com a possibilidade de ser interrompido.
- Comunicar previamente uma demissão, reservando uma data limite para ela acontecer.
- Demitir às sextas-feiras em final de expediente ou próximo a datas importantes, como Natal e aniversário.
- Dar *feedback* na hora da demissão.
- Justificar a demissão como decisão da empresa ou de outros que não o próprio líder.
- Comparar o demitido com outro profissional como justificativa para demissão.

- Deixar a informação da demissão vazar para outros membros da equipe antes de comunicá-la ao profissional que será demitido.
- Deixar para explicar procedimentos e detalhes formais em outro momento.
- Manter o funcionário trabalhando na área após lhe comunicar que será demitido numa data futura.

A relevância do acompanhamento do funcionário, de avaliação e do uso de procedimentos formais

Considerando que qualquer carreira a ser trilhada numa empresa será executada por um funcionário, independentemente de onde ele se situa dentro da hierarquia de cargos, e que este tem um compromisso de entregar resultados, faz todo sentido criar mecanismos de acompanhamento e avaliações dos talentos nas organizações. A declaração clara da empresa e da gestão em relação ao comportamento esperado, à meta a ser alcançada e aos resultados a serem entregues prepara o funcionário de forma bastante profissional em relação ao que ele responderá em possíveis avaliações e/ou acompanhamentos. Estes últimos acabam por criar um histórico formal do liderado e mostram com que graduação ou intensidade ele entrega o que foi contratado para fazer. Se avaliar desempenho pode abrigar afinidades e proximidades do funcionário com o gestor direto, o alcance da meta, a entrega de resultado, as atitudes e os comportamentos do funcionário não deixam margem para questionamentos subjetivos.

É importante formalizar os acompanhamentos/avaliações dando *feedback* direto aos liderados e, se os resultados não são os esperados, estabelecer cronogramas para serem atingidos. O líder precisa sinalizar para seu liderado como ele está, o que pode ser feito para que sua performance melhore, se esse for o caso, e também em que ele mostra potencial para avançar mais, se também for essa a sua situação.

A aplicação de advertências, suspensões e outros procedimentos adotados pela empresa não só pode como deve ser utilizada. Isso sinalizará de maneira clara para o funcionário que a gestão está atenta aos movimentos e aos acontecimentos do fluxo de atuação no trabalho, lembrando que esses procedimentos devem ser utilizados formalmente, a fim de gerar históricos para consultas quando necessário. As aplicações das sanções estabelecidas pela empresa no momento adequado aos eventos ocorridos deixam muito claro ao liderado que não serão tolerados comportamentos fora do especificado pela empresa, e a liderança passa a ter uma compilação real no caso de decidir demiti-lo.

O impacto e a dor da demissão

Ser demitido está entre as piores dores emocionais do ser humano, assim como o final de um relacionamento e a perda de um ente querido. Segundo estudo da Universidade de Purdue, nos Estados Unidos, lembranças de experiências emocionais dolorosas machucam mais do que a recordação de dores físicas e demoram muito mais tempo para cicatrizar. A pesquisa, realizada com voluntários que sofreram grandes perdas emocionais nos últimos cinco anos, apontou que a dor emocional permanece por mais tempo e com mais força na memória. De acordo com o estudo, isso acontece porque a dor emocional tem uma capacidade única de voltar à mente e ferir de novo nossos sentimentos.

Só a pessoa impactada pela demissão sabe medir o que se passa nesse momento tão delicado, visto que a descontinuidade profissional acarreta perda do salário e dos benefícios, o que por si só já é algo relevante, pois os compromissos financeiros ficam comprometidos. Não raro, o demitido vê-se ferido em sua dignidade, sua autoestima, no convívio social, entre outros.

Ser humano é ser extraordinário, é ser capaz de superar e seguir adiante

Todo ser humano é dotado de capacidade de superação, e a boa notícia é que, após passar por processos dolorosos, adquire-se uma sabedoria, uma resiliência. Não é um processo fácil, é algo que vai colocar em xeque muitas questões, porém há luz no fim do túnel. É preciso se dar um tempo para conseguir superar. A psicóloga Sueli Damergian explica que não há uma receita que funcione com todas as dores emocionais. "Os tratamentos psicológicos vão depender do tipo de problema e muito mais da pessoa que o sofreu. Cada tratamento é muito individual. Podemos percorrer desde a psicanálise que vai atrás das causas do trauma até terapias cognitivas e comportamentais que trabalham as consequências do mesmo", esclarece. Diz a sabedoria popular que é na adversidade que se cresce mais. O ser humano é criativo e nos momentos de crise passa a criar possibilidades inimagináveis, se comparado a quando está em situações de maior conforto.

A demissão nos dá a possibilidade de refletir sobre se existem outros caminhos que possam levar a oportunidades não consideradas quando estamos comprometidos como funcionários, ou até mesmo de repensar se estamos fazendo aquilo de que gostamos, que nos diferencia dos demais, tornando-nos singulares no que fazemos. Você pode estar pensando: "Parece fácil...". E já vou alertá-lo: não é. O fácil não existe. Trata-se da conquista de alguém que acreditou no que queria fazer e dedicou-se a fazê-lo, repetindo tantas vezes quantas fossem necessárias para torná-la realidade.

Deixo aqui algumas considerações como *coach* para você que está procurando uma realocação ou se dedicará a algo próprio e também para você que é líder, gestor e quer melhorar sua performance.

- Defina o que você quer.
- Determine um prazo.
- Empenhe toda a sua vontade e comprometa-se com o seu querer.
- Use tudo que já tem.
- Faça planos de ações diários do que pode fazer para aproximar-se da sua meta, de seu objetivo, de seu desejo.
- Desenvolva as competências, as habilidades e as atitudes necessárias para aproximar-se da meta desejada.
- Vá e faça.
- E, se precisar, entre em contato para eu apoiá-lo!

10

Como usar suas competências e seus talentos como mãe e/ou profissional

Muitas mulheres estão em conflito com suas escolhas e papéis, e esse dilema não se refere apenas à questão de maternidade e carreira, e sim ao entendimento de que nós, mulheres, temos de ser tudo para todos, em vez de efetivamente ser o que precisamos para a realização de nossos sonhos e o nosso propósito de vida

Luciana Aparecida Ramos

Luciana Aparecida Ramos

Master Coach de Talentos, Carreira e *Master Executive Coach*, Sócia-Proprietária da Johari Consultoria e Treinamento, Administradora, Psicóloga Clínica, Palestrante e Consultora Organizacional. Trinta anos de experiência em Gestão de Recursos Humanos e Pessoas, atuando em cargos Executivos em empresas nacionais e multinacionais. Vivência Internacional atuando como Gestora de Recursos Humanos. Atua como *Coach* desde 1998 com formação em várias escolas Nacionais e Internacionais. MBA em Gestão Estratégia de Pessoas, MBA em Gestão de Negócios e Projetos. Especialista em Assessment DISC, MBTI, PROFILE, ALPHA e Psicológico, Especialização em Psicoterapia Breve Psicanalítica, Psicodinâmica do Trabalho, Psicologia Cognitiva Comportamental. Formação em *Coaching* Executivo Psicodinâmico Breve, *Personal Professional, Executive Coach, Practitioner* em PNL, Formação em Neurociência para *Coaches, Master Coach Executive e Business*.

Contatos
www.johariconsultoria.com.br
luciana@johariconsultoria.com.br
(11) 4337-2765

Começo com uma provocação para desconstruir uma frase que não vejo alinhada a atuais conquistas e espaços assumidos pela mulher: "Por trás de um grande homem existe uma grande mulher". Não vejo a mulher atrás ou na frente de um grande homem, penso que o mais adequado é ao lado, como parceira, com sentido de igualdade, de forças que se equilibram.

Vivemos tempos em que muito se fala de empoderamento feminino. A meu ver, frases como a vista acima fortalecem uma crença limitante das potencialidades da mulher. Falo de crença considerando a minha história de vida. Desde pequena, ouvi muito essa frase de minha mãe, minhas tias e minha avó; havia a importância de ser a grande mulher por trás de um grande homem como comprovação de competências, talentos e habilidades para cuidar bem da casa e dos filhos e dar suporte à carreira do marido provedor. Entretanto, hoje, nos atendimentos como psicóloga e *coach*, na condução das oficinas Entre Elas ou no bate-papo com amigas, essa crença surge no discurso das mulheres que estão em conflito com suas escolhas e seus papéis.

Esse entendimento está na contramão do que se fala sobre empoderamento feminino, pois explora competências, talentos e habilidades naturais da mulher que somente podem ser vistas por trás de um grande homem. Esse homem pode ser o marido, o filho, o chefe, o pai, o amigo, o irmão, etc. Parece um retrocesso, e não uma evolução, fruto de conquistas sociais da mulher. A mulher de hoje quer ser vista em pleno exercício de seus talentos, suas habilidades e sua competência, e não silenciada.

Empoderamento é ter conhecimento dos recursos naturais que estão na sua essência de mulher. Acessar essa força interna remete a mulher há um nível de autoconhecimento profundo e impulsionador, visando conquistas efetivas na vida pessoal e na profissional.

Percebo, durante o atendimento em processo de *coaching* e das oficinas Entre Elas, que o grande dilema da mulher não se refere somente a questões ligadas à carreira e à maternidade, e sim ao entendimento de que nós, mulheres, temos de ser tudo para todos, em vez de efetivamente ser o que precisamos para a realização de nossos sonhos e nosso propósito de vida.

Como disse Clarissa P. Estés, autora do livro Mulheres que correm como lobos, "A mulher moderna é um borrão de atividades". Essa condição, quando intensa, sem a definição de prioridades considerando a história de vida que a mulher quer viver, contribui para aumentar o estado de indecisão e muitas vezes de intenso sofrimento da mulher no momento de fazer escolhas, como, por exemplo, entre maternidade e carreira.

Não podemos negar que a mulher de hoje compreende de forma mais ampla a importância de se conhecer melhor e entende que as conquistas de direitos sociais e políticos contribuíram para uma consciência maior de gênero. Ampliam-se os discursos por igualdade de gênero e na mesma proporção ampliam-se os papéis e as possibilidades de escolha, o que aumenta a confusão e a dificuldade de tomada de decisão com relação à carreira e ao papel da mulher.

A grande força para ajudar a mulher a lidar com as mudanças de posicionamento diante de suas escolhas e seus papéis – as quais serão inevitáveis – será a capacidade de utilizar seus recursos naturais para liderar sua vida, não em detrimento do desejo ou das necessidades dos outros, mas em favor de sua qualidade de vida emocional, de forma que possa fazer escolhas assertivas. Esse é o verdadeiro empoderamento feminino, ou seja, a proposta da construção de um caminho seguro para um futuro melhor não é somente uma questão de direitos sociais e políticos.

Minha proposta de reflexão neste capítulo não é levantar a bandeira política do feminismo, mas sim chamar atenção para o entendimento de quais são as competências, os talentos e as habilidades naturais da mulher, grandes fontes de poder, de forma que essas características possam contribuir quando há um grande dilema que nós, mulheres, vivenciamos atualmente: papéis, maternidade e carreira.

Mulher no mercado de trabalho

As mulheres enfrentaram obstáculos reais e simbólicos para ingressar no mercado de trabalho, considerando a historiografia de como as oportunidades de trabalho surgiram em uma sociedade rígida e preconceituosa ao atribuir funções de trabalho para mulheres. Nessa historiografia, a mulher ingressa no mercado do trabalho não para ter uma carreira ou uma profissão, mas para suprir a necessidade de apoiar e/ou auxiliar no sustento da casa.

A visão de profissões boas para as mulheres restringia-se à professora, enfermeira, vendedora, secretária, empregada doméstica, operária, profissões que se beneficiavam dos talentos, das habilidades e das competências da mulher no cuidado com o outro e gestão de atividades.

Foram eleitas profissões consideradas femininas e que não eram tratadas como carreira. Tratava-se apenas de um trabalho para ajudar nas contas de casa ou para conseguir um pouco mais de independência financeira dos pais enquanto não eram casadas.

Para algumas mulheres, ter um trabalho era importante até a chegada do casamento, para prover sua necessidade de sustento; depois, antes mesmo de os filhos nascerem, elas colocavam em segundo plano seu desenvolvimento profissional e pessoal ou, na maioria das vezes, sequer pensavam nessa possibilidade.

Porém, hoje, a mentalidade da mulher em relação à carreira mudou; profissões que antes eram ocupadas somente por homens hoje são exercidas por mulheres, que alcançam a excelência em seu desempenho. Dados de pesquisa apontam que 52% dos empreendedores no Brasil são mulheres.

Temos neste ponto a primeira raiz do dilema maternidade versus carreira. Nunca na história a mulher teve tantas oportunidade e incentivos para seguir uma carreira, assim como nunca a maternidade ou ser dona de casa foi visto ou valorizado como uma carreira. Hoje observamos especialistas e até a sociedade revendo esses conceitos e as mulheres buscando reconhecer esse espaço para suas escolhas, sem ter de abrir mão de uma em detrimento da outra.

Dilema: carreira e papéis

A mudança de mentalidade da mulher na busca de uma carreira de sucesso e de independência financeira, se, por um lado, representa a conquista de espaço no mercado do trabalho, por outro, trouxe à tona o conflito com as funções de maternidade e tudo o que vem junto (casamento, filhos, marido, casa, família, etc.). Algumas mulheres que optaram por conciliar carreira e maternidade sentem-se sobrecarregadas, outras adiam o casamento e a constituição de uma família, mantendo o foco em estruturar uma carreira promissora.

No meu trabalho, frequentemente lido com essas questões e dilemas de mulheres que realmente estão sofrendo. Eu mesma passei por esse dilema quando optei por construir uma carreira em primeiro lugar. Senti o peso da cobrança da sociedade e da família, que é grande; cheguei a um ponto em que comecei a prejudicar minha carreira (inconscientemente) e evitar as pessoas. Porém, por meio de processos de autoconhecimento como psicoterapia e *coaching*, consegui entender melhor minhas motivações e meus talentos e, com isso, pude fazer escolhas mais assertivas, estabelecendo prioridades e assumindo a liderança da minha vida.

Escolher entre carreira ou casamento, carreira ou maternidade não é um processo fácil, a cobrança vem de todos os lados. E pelo autoconhecimento, descobri que eu tinha medo do meu crescimento profissional por acreditar que não encontraria um marido ou não tinha competências para ser boa mãe, esposa e dona de casa, por isso somente me restava ter uma carreira. Mulher bem-sucedida na carreira e um fracasso na vida pessoal e amorosa.

Acreditava que, se fosse promovida a gerente de Recursos Humanos ou se ganhasse mais do que meu namorado, meu pai e meu irmão, seria uma mulher forte e nenhum homem estaria no meu nível.

Com intenso trabalho de autoconhecimento e de revisão do meu estilo de vida, consegui aprender e mudar meus pensamentos e, com isso, estruturei um plano de carreira a partir das minhas prioridades, conseguindo exercer todos os papéis e ser bem-sucedida.

Hoje, busco orientar e auxiliar mulheres que passam por esse dilema em suas vidas trabalhando principalmente a autoliderança feminina.

Muito interessante perceber que a mulher, ao despertar para sua autoliderança, aprende a lidar com seus recursos naturais, com suas fontes de poder interior, gerenciando suas emoções e seus sentimentos com mais eficácia, o que lhe proporciona também capacidade de gerenciar as escolhas de sua vida, alinhadas com o que é importante – prioridade – no seu momento atual, e sua carreira é um desses aspectos.

Aprendi que, quando a pessoa tem muitas prioridades, não tem nenhuma; então, o primeiro passo é descobrir qual é a sua prioridade e liderar seus papéis de forma que a gestão deles contribua para atender à prioridade dela, fazendo-a se sentir feliz e realizada.

Caminhos para escolhas assertivas

Quando uma mulher tem consciência de seus papéis na vida e na sociedade, fruto de escolhas assertivas, de capacidades e de competências para viver uma vida plena de realização pessoal e profissional, podemos afirmar que os caminhos para a construção de uma carreira sem abrir mão de seus sonhos é possível.

Tudo começa com o autoconhecimento: perceber-se e entender-se como ser singular, na sua tipicidade e unicidade, fazendo acontecer essa identidade. Ao se perceber por meio do autoconhecimento, a mulher consegue entrar em ação e planejar seus passos, e todas as possibilidades tornam-se evidentes. Um dos exercícios que proponho no processo de *coaching* com mulheres e na oficina Entre Elas é a "Roda dos papéis prioritários", utilizando a ideia de aplicação da "Roda da vida", porém com foco na identificação e na medição do nível de satisfação da mulher em cada um de seus papéis. O mais importante é a mulher auxiliar nesse exercício, por meio de perguntas poderosas, na identificação de qual é o papel prioritário que a conecta com seu propósito de vida.

O ponto alto dessa ferramenta é permitir que a mulher perceba que ela transita do ponto A (estado atual que deseja modificar) ao ponto B (estado de mudança que quer alcançar), em diferentes momentos e em todos os papéis; a diferença é que ela aprende a identificar e estabelecer qual é o papel prioritário de sua vida, reconhecendo seu estado e definindo o estado de mudança a partir do papel prioritário. Isso não ocorre em detrimento dos demais papéis; ao contrário, respeito a liberdade e o direito da mulher de viver suas escolhas e ser feliz.

O *coaching* é um processo que permite à mulher aprender a fazer a gestão eficaz de seus papéis e, principalmente, ter sucesso em todos eles. Eu apliquei essa ferramenta na minha vida e deu certo, por isso a utilizo com várias clientes, e os resultados são efetivos. Ao analisar o resultado da "Roda de papéis prioritários", todas as clientes, sem exceção, apresentaram nas sessões seguintes diminuição dos estados de ansiedade e angústia, presentes nas sessões iniciais, bem como aumentaram a autoestima e a autoconfiança.

Apresento aqui algumas perguntas que faço no início da aplicação da "Roda dos papéis prioritários", as quais são elementares para que a mulher possa se beneficiar em 120% do alcance da ferramenta:

- Quais são os papéis que você desempenha hoje?
- Eles são verdadeiramente importantes para você?
- Esses papéis estão alinhados ao seu propósito de vida?

É importante sinalizar que, independentemente de gênero, faixa etária, classe social, etc., todos exercemos papéis em diferentes áreas da vida. Assim, pensar e entender esses papéis nos ajuda a saber aonde queremos chegar e definir o caminho para alcançar nossos sonhos e objetivos.

- Qual é a qualidade do papel que desempenho?
- Qual é o papel que eu preciso no momento? Em qual preciso dar maior foco?

Trabalho a "Roda dos papéis prioritários" nas sessões de *coaching* e na oficina Entre Elas, e você também pode utilizar essa poderosa ferramenta. O primeiro passo é identificar quais são seus papéis – o que normalmente é auxiliado pelo *coach* –, com o objetivo de expandir a consciência de si mesma e obter equilíbrio. Os papéis são distribuídos nas quatro principais áreas da vida: relacionamento, pessoal, qualidade de vida, profissional. Em cada uma dessas áreas, por meio de perguntas poderosas, você pode identificar quais são seus papéis atuais, bem como a qual dessas áreas vem dedicando mais ou menos tempo, em qual área deseja ter mais papéis, etc.

Quadro das áreas da vida

Qualidade de vida	Relacionamentos
Qual papel gera em mim plenitude e felicidade?	Qual é meu papel na minha família, no meu relacionamento amoroso, na minha vida social?
Profissional	**Pessoal**
Quais dos meus papéis geram recursos financeiros? Quais são meus papéis que geram realização e propósito?	Qual é meu papel comigo mesma, com meus cuidados pessoais, intelectuais, etc.?

O segundo passo é definir a área e o papel prioritário a que nesse momento você precisa dar foco maior. Assim, fica mais evidente o porquê dessa escolha e qual mudança e/ou desenvolvimento quer alcançar. É isso que ajuda a estabelecer escolhas assertivas.

O terceiro passo é construir sua "Roda dos papéis prioritários", listando quais papéis você está desempenhando nesse momento de sua vida. Esse é também um momento bem reflexivo, de autopercepção e ampliação da consciência de Eu. Após fazer sua lista, você deve escolher seus oito papéis mais importantes e preencher a "Roda dos papéis prioritários", conforme a figura a seguir.

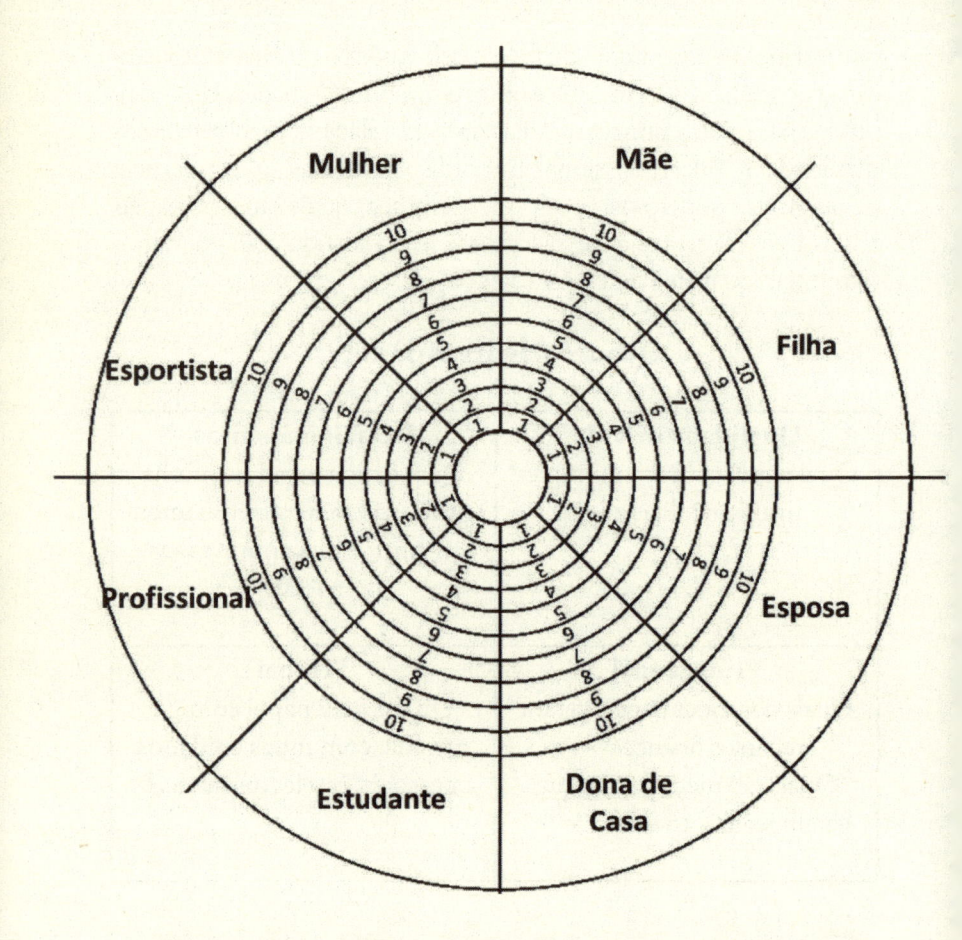

Depois de preencher a "Roda dos papéis prioritários", você deve verificar seu nível de satisfação com relação ao seu desempenho em cada papel, avaliando-se numa escala de zero a dez, em que zero é nada satisfeita e dez, totalmente satisfeita. Assim, você vai identificando seu nível de satisfação em cada papel, preenchendo até o quadrante que corresponde ao número da avaliação, o que deve ser feito em relação a cada papel.

Ao concluir a "Roda dos papéis prioritários", você obterá um mapa de autoconhecimento poderoso, que servirá de guia para estabelecer suas definições, porém, antes disso, é necessário realizar o quarto passo, que consiste em você avaliar sua roda. As perguntas nesse passo são:

O que você percebe ao observar sua roda dos papéis prioritários?
- Quais conclusões você tira dessa roda?
- Que sentimentos essa roda desperta em você?

Uma roda equilibrada indica plenitude e assegura condições de você definir o caminho a ser seguido com segurança e assertividade, ao passo que uma roda irregular é um sinal de alerta.

O quinto passo é o momento de estabelecer e agir para a mudança comportamental necessária. Assim, trabalhamos as características físicas e emocionais e os comportamentos de cada um dos oito papéis prioritários, perguntando, por exemplo:

O que posso melhorar nesse papel para atingir nota 10? (Lembrando que estamos trabalhando com seus papéis prioritários, os quais são alinhados com seus objetivos atuais e seu propósito.)
- Como deve ser a pessoal ideal para esse papel?

Quem exerce bem esse papel que admiro? Quais são os comportamentos e as atitudes dessa pessoa?

Essas perguntas auxiliam na definição do plano de ação, ou seja, o que fazer para gerar equilíbrio nos papéis que são prioritários. O modelo de plano de ação que utilizo é semelhante à ideia da ferramenta de *coaching* "Pirâmide do sucesso", com algumas adaptações. Orientamos a escolha de um papel a que você pretende se dedicar nos próximos 21 dias, a partir daí iniciamos o preenchimento do plano de ação, determinando as atitudes necessárias, os prazos e as evidências para que possa acompanhar sua evolução e sua performance.

Papel Escolhido

Qual a importância de ter mais satisfação nesta área?

Atitude 1	Atitude 2	Atitude 3
Prazo	Prazo	Prazo
Evidência	Evidência	Evidência

Carreira e maternidade: qual traz autorrealização?

É evidente o aumento da participação da mulher no mundo corporativo nos últimos tempos, principalmente nos cargos de liderança. Pesquisa anual sobre empreendedorismo diz que 52% dos empreendimentos com menos de três anos e meio são comandados por mulheres no Brasil, aponta a GEM (Global Entrepreneurship Monitor), também é maior o número de mulheres, também é maior o número de mulheres com curso superior, pós-graduação e MBA, e a mesma preocupação ocorre ainda com relação a idiomas e qualificação profissional. Notamos também a presença mais frequente de mulheres capazes de gerenciar a própria carreira com suas competências pessoais, seus talentos e suas habilidades, aproveitando as oportunidades que as empresas lhes oferecem.

O sentido do trabalho ocupa um espaço muito diferente na vida da mulher moderna, representando conquista de autonomia, status social, independência financeira e lugar de destaque. Trouxe também alguns prejuízos, como, por exemplo, a dupla jornada de trabalho – carga horária extensa no trabalho e depois em casa.

Outro "peso" é que, ao abrir mão dos papéis domésticos, do casamento e dos filhos, a mulher é duramente cobrada pela sociedade quando algum desses papéis não funciona bem ou não está presente em sua vida.

São situações como essas que levam as mulheres a vivenciar um conflito entre a carreira e a maternidade, ou seja, qualquer que seja a sua escolha, a pressão da sociedade e da família continuará existindo. Daí a importância do autoconhecimento e da identificação do papel prioritário em cada fase da vida. Na verdade, o esforço a que a mulher moderna hoje se dedica é buscar a autorrealização pessoal e profissional.

Atendi recentemente a uma mulher com uma carreira organizacional de sucesso, a qual abriu mão do papel de executiva para vivenciar o papel de mãe e dona de casa. Seu sofrimento era imenso, chegando a se questionar o tempo todo se havia tomado a decisão correta ao abandonar uma condição profissional de status, para trocar fraldas e comprar produtos de limpeza. Quando entendeu que, considerando seu estado atual e o estado desejado, vivenciar esses papéis era o que realmente lhe dava sentido de felicidade e autorrealização, ela resolveu criar um *blog* e ajudar outras mulheres que passavam pelo mesmo dilema.

Em outro atendimento, a situação era completamente diferente. Uma mulher optou por vivenciar papéis que lhe eram socialmente aceitáveis, mas não lhe traziam realização pessoal. Por isso, passava o tempo todo tentando se desdobrar entre seus papéis e os papéis dos outros. Em consequência disso, acabou adoecendo e não conseguiu ser bem-sucedida em nenhuma área da vida. Chegou ao meu consultório com quadro de depressão e apatia.

A grande questão é: o que faz parte da autorrealização da mulher, da sua autoestima? Constituir família? Ter filhos? Construir um lar? Podemos dizer que família, filhos e lar compõem a essência feminina, porém isso não significa autorrealização.

E a autorrealização é o que as mulheres buscam para conciliar seus papéis com equilíbrio, incluindo carreira e maternidade. Nesse sentido, o caminho para a construção da carreira passa a ser o caminho da satisfação pessoal.

Competências e talentos como mãe e/ou profissional
Competência consiste em um conjunto de habilidades (desenvolvidas) e aptidões (inato/natural de) que a pessoa tem para executar determinadas funções com um nível superior de performance (desempenho). É um saber agir responsável e reconhecido pelo outro, e esse saber agir manifesta-se no momento adequado. Essa definição nos conduz ao entendimento de que a competência não é um estado estático ou um conhecimento, e sim algo que se manifesta com resultados práticos, trazendo benefícios ou alcance de metas.

Talento é uma aptidão natural para fazer algo melhor do que a maioria das pessoas de forma bem-feita, com facilidade e naturalidade. Quando a pessoa atua no seu talento, tem uma dose elevada de prazer, alegria e satisfação, independentemente dos sacrifícios, da dedicação, das dificuldades e das adversidades. O talento manifesta-se em todas as áreas da vida, não se limita ao campo profissional.

Competência e talento são complementares e andam lado a lado no processo de desenvolvimento pessoal.

Como talentos e competências podem auxiliar a mulher que vive o dilema entre carreira e maternidade, equilibrando os diversos papéis?

Em minha experiência como mulher, *coach*, empresária e psicóloga, falo com propriedade de um dilema muito real quando lido com mulheres que buscam orientação e apoio nessa tomada de decisão. No relato de quase todas surgem frases como: "Se for uma boa profissional, não serei uma boa mãe.", "Para optar pela carreira, terei de sacrificar minha vida amorosa", "Depois que eu tiver um filho, minhas competências para o mercado de trabalho serão inexpressivas, a volta é terrível.", "Maternidade é sinal de desemprego ou corte de promoção". É estranho perceber que, mesmo em uma época de luta pela igualde de gênero e pelo respeito à diversidade, maternidade e carreira sejam escolhas tão oprimidas por questões sociais e organizacionais.

Com base nesses relatos, entendo que o maior dilema da mulher com relação à carreira e à maternidade é alimentado por estereótipos que a fazem acreditar que está negligenciando algo ao optar pela carreira ou pela maternidade. Quando faz isso, deixa de perceber sua força natural, que lhe dá talentos e competências para lidar com eficiência com a carreira e com a maternidade.

Parece que é difícil tanto para a mulher perceber e compreender como para a sociedade aceitar que é possível ser boa mãe e profissional ao mesmo tempo. A mulher é capaz de ser produtiva e bem-sucedida, utilizando suas competências e suas habilidades naturais para isso, algumas, em especial, são colocadas em prática durante e após a maternidade.

O período de escolha da carreira e da maternidade na vida de mulher é cercado de grandes mudanças e aprendizados, entretanto a maternidade acrescenta alguns ingredientes a mais na preparação da mulher para exercer seus papéis de mãe e profissional com excelência. Não é de admirar o número de mulheres que, após a maternidade, conseguem empreender em um negócio próprio, também chamado de *mompreneurs*.

Muitos estudos apontam que empresas podem se beneficiar das mudanças e dos aprendizados da mulher após a gestação. Quem já não passou pela experiência de ver uma pessoa que todos costumavam dizer que não seria boa mãe, mas que durante a gravidez e após a maternidade se tornaram mais dedicadas, organizadas, ágeis, cuidadosas e disciplinadas? Essas são apenas algumas das competências que a mulher desenvolve depois de ter um filho, em alguns casos ficam mais aprimoradas. Até mesmo o cérebro da mulher sofre alterações após a maternidade, trazendo benefícios com relação a mudanças de humor e a manter um estado de humor otimista por mais tempo, o que faz com que corram mais risco e transformem suas ideias em ações. Olha o empreendedorismo feminino aí, gente!

Carreira e maternidade são uma condição da mulher que possui diferentes efeitos, estabelece mudanças no papel social dela e por si só representa que ela lidera sua vida e suas escolhas.

Competências, habilidades e talentos para carreira e/ou maternidade estão na essência de toda mulher como um dom natural e podem ser acionados ao entrar em contato com nossa essência natural.

Em experiência recente, desenvolvi uma ferramenta chamada "As sete esferas do poder feminino" e a tenho utilizado com mulheres que participam do programa "*Coaching* de valor pessoal em grupo", com foco no equilíbrio dos papéis da mulher e na qualidade de vida emocional. A experiência de vivenciar a reflexão proposta pela ferramenta contribui para lidar melhor com o novo papel da mulher moderna e a maternidade.

As sete esferas do poder são: Afetividade, Habilidade/Capacidade de cuidar, Sensibilidade perceptiva, Inteligência emocional, Resiliência, Percepção aguçada e Versatilidade.

Ao trabalhar cada uma das esferas, as mulheres acessam suas habilidades naturais, amplia sua consciência quanto a suas escolhas e seus papéis, conseguindo utilizar o poder de cada uma dessas esferas para potencializar habilidades e competências necessárias às mudanças e às opções de sua vida.

No primeiro contato com a ferramenta, trabalhamos o entendimento de cada esfera, por meio de perguntas poderosas, e orientamos que avaliem a forma como utilizam cada esfera numa escala de zero a dez. Esse é um momento bem reflexivo e poderoso para as mulheres durante a sessão, pois, ao entender o que é, como funciona e, principalmente, como ativar a esfera, muitas questões que até então estavam sendo bloqueadas por crenças limitantes começam a ser mobilizadas e pensadas de forma diferente.

Diagram: Central circle "Eu" surrounded by spheres labeled: Afetividade, Habilidade/Capacidade de Cuidar, Sensibilidade Perceptiva, Inteligência Emocional, Resiliência, Percepção aguçada, Versatilidade.

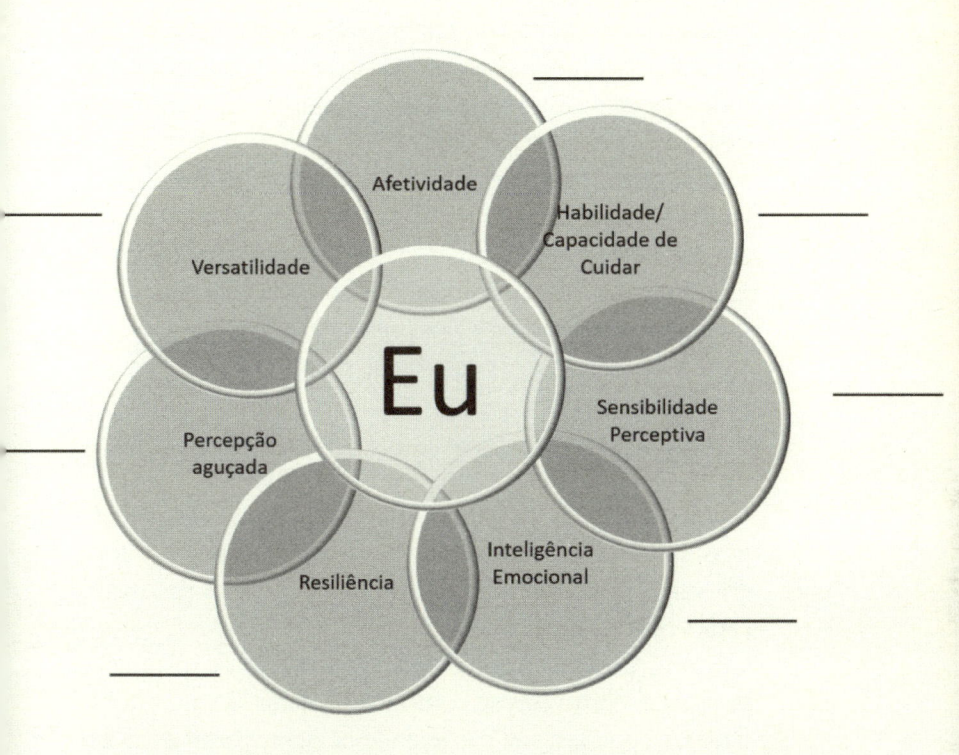

Após avaliação de cada esfera, faço algumas perguntas para direcionar o foco da utilização dela, por exemplo:

- Qual comportamento indica que você está acionando essa esfera do poder?
- Qual área da sua vida você percebe que será beneficiada com o acionamento das esferas do poder feminino?

Com esse mapeamento das forças interna e o transporte desse conhecimento para os conceitos de competência e talentos inatos à mulher, elas se sentem mais preparadas para lidar com as pressões e os questionamentos sobre suas escolhas, para fugir das ciladas dos estereótipos em torno da carreira e da maternidade, podendo desfrutar a realização pessoal e o sucesso profissional de forma plena.

Nunca se esqueça que:

- É essencial ter certeza do seu propósito de vida. Assim, será mais fácil definir suas prioridades, escolher seus papéis de forma assertiva e, principalmente, estabelecer o tempo de dedicação a cada prioridade.
- Faça a gestão das suas forças, acionando o poder de seus recursos naturais, suas habilidades e seus talentos inatos. Assumir a liderança da sua vida é a principal fonte de acionamento das esferas do poder. Assim, você consegue aumentar a potencialidade dos seus resultados.
- Dedique seu tempo às coisas que são úteis para a boa gestão de seus papéis.
- Busque ter a seu lado pessoas que complementem e contribuam com seu processo de desenvolvimento.
- Comemore cada passo dado rumo ao seu crescimento pessoal, cada superação e tarefa bem realizada com foco em suas prioridades. Dê a si mesma pequenos prêmios a cada objetivo alcançado.
- Concentre-se nas pessoas que são modelo de inspiração para você, como elas se comportam, quais são suas qualidades, e aprecie a sua capacidade de desenvolver essas características em si mesma.
- Valorize-se acima de tudo. Você é merecedora de todo sucesso e prosperidade. O pensamento afirmativo é um estímulo excelente para alcançar sua meta. Desenvolva uma atitude mental positiva e vencedora.

Desejo sinceramente que você, que está lendo este capítulo, tenha excelente sucesso na vida como mulher, buscando o equilíbrio entre seus papéis, acionando seus recursos naturais de força e poder e assumindo a liderança de sua vida.

Concluo com uma frase da Lya Luft:

"Mas pensar não é apenas a ameaça de enfrentar a alma no espelho: é sair para as varandas de si mesmo e olhar em torno, e quem sabe finalmente respirar."

11

Conheça-se e conquiste um futuro profissional de sucesso!

Vestibular, profissão, carreira, vocação, sonho, futuro... Tudo isso invade a cabeça de quem está prestes a entrar em uma faculdade! Será uma escolha que mudará sua vida por completo, porém, não é única e nem definitiva. Qual a sua dificuldade em escolher sua profissão? Posso ajudar!

Maira Ivete

Maira Ivete

Coach vocacional com formação pelo Instituto MS de *Coaching* de Carreira. *Professional & self coach* com formação pelo Instituto Brasileiro de Coaching (IBC), com reconhecimento internacional pela International Association of Coaching (IAC), pelo Behavioral Coaching Institute (BCI), pela European Coaching Association (ECA) e pela Global Coaching Comunity (GCC). Analista comportamental apta e licenciada a aplicar o *software Coaching Assessment* e analista 360° com competência para a utilização da metodologia Feedback 360° e licenciada para a utilização do *software* de avaliação 360° pelo IBC. Membro do Instituto MS de Coaching de Carreira, do Instituto Brasileiro de Coaching e do *Master Mind Coaches* Brasil. Graduada Tecnóloga em Processamento de Dados e bacharel em Administração de Empresas pela Unisinos. Também atua há 30 anos na área de T.I. como analista de negócios.

Contatos
maira@evoluttus.com.br
(51) 9955-1694

Muitas dúvidas surgem nos jovens prestes a ingressar em uma faculdade!
Saber qual é a profissão certa a seguir certamente não é um assunto que deve ser levado na brincadeira, pois é de nossa vida que estamos falando.

Hoje, a maioria dos estudantes do Ensino Médio sofre com dúvidas relacionadas à sua escolha profissional. Incertezas estão dispostas em volumes alarmantes que interferem até mesmo no desempenho escolar. E, precisamos admitir, é muito cedo para escolher uma profissão quando se tem somente 16, 17, 18 anos.

Jovens que já têm definida a sua escolha profissional apresentam melhores resultados nos estudos durante o Ensino Médio, já que o foco está definido, ou seja, eles sabem aonde têm de ir.

Os jovens acham que têm aptidão para seguir determinada profissão, mas nem sempre acertam. Será uma escolha que mudará sua vida por completo. É uma escolha importante, mas não é única nem definitiva. A profissão tem de sair do "para sempre", uma vez que, hoje, a expectativa de vida é maior, portanto é muito provável que, no decorrer da vida, as pessoas mudem de profissão.

Por que eu sei de tudo isso? Porque passei exatamente por essa situação, e duas vezes.

Minha história

Bem, primeiro vou contar um pouco da minha história...

Você tem ideia de como defini a minha profissão, aquela que ainda exerço hoje?

Quando eu estava terminando o Segundo Grau (o Ensino Médio daquela época!), achei que tinha encontrado o meu caminho, ou seja, queria ser engenheira química. Fui influenciada por meu pai, que trabalhava na Cervejaria Polar, e por meu tio, que era auxiliar de laboratório na época. Porém, conversando com alguns profissionais da área, constatei que não havia "muito futuro" para essa profissão na região e o mercado era muito mais difícil para uma mulher. Minha mãe querendo que eu cursasse Arquitetura... Meu coração pedindo Artes Plásticas (adoro!), porém isso "não dava" dinheiro.

Não havia internet. Foi necessário ir a Porto Alegre para me inscrever no vestibular. Lembro-me, como se fosse hoje, de mim, sentada no meio-fio da calçada no campus da UFRGS, escolhendo, por eliminação, a minha opção de vestibular. Escolhi a área de Ciências Exatas. Sempre gostei de matemática! Deparei-me com o curso de Ciências da Computação, que acabou sendo a minha opção. Até então eu nunca havia visto um computador na frente! Não fazia muita ideia do que era essa profissão, porém foi a que mais me agradou.

No mesmo semestre, inscrevi-me na Unisinos porque, dessa maneira, poderia continuar a morar em casa e viajar, diariamente, a São Leopoldo, distante 110 quilômetros da minha cidade, para assistir às aulas. Economicamente era a melhor opção! Prestei vestibular para Tecnólogo em Processamento de Dados, um curso que duraria somente três anos. Eu, filha de pai operário e de mãe dona de casa, teria de optar pela solução que menos sacrificasse financeiramente a família e que pudesse dar logo um bom retorno.

Minha vida profissional, como programadora, já começou no segundo ano em que estava cursando a faculdade. Havia escassez de profissionais nessa área por se tratar de algo novo. Desde lá trabalho na área de Tecnologia da Informação, agora como analista de negócios.

Concluo que o Universo conspirou a meu favor. Mesmo tendo pouca certeza de que era isso que eu queria, acertei! Adaptei-me muito bem aos requisitos da profissão, tornei-me uma profissional realizada! Gosto do que faço!

A história da minha filha

Há poucos anos enfrentei essa dúvida crucial com a minha filha. Ela estava concluindo o Ensino Médio sem saber bem qual curso escolheria para prestar o vestibular. Ela apresentou comportamentos típicos dessa fase da vida: ansiedade, irritação, distração, procrastinação, cansaço.

Durante o primeiro semestre do terceiro ano do Ensino Médio, ela optou por Relações Internacionais, porque gosta muito de falar inglês e pretende morar fora do Brasil. Chegou a prestar vestibular na Univates sem ter concluído o Ensino Médio e, para minha surpresa e satisfação, foi classificada em quarto lugar. Mas ela investigou um pouco melhor a grade curricular do curso e descobriu que havia muita aula de história, matéria da qual ela não gosta.

Chegou o segundo semestre, e era hora de fazer a inscrição para o vestibular novamente. Agora seria para valer mesmo!

Minha filha havia feito alguns testes vocacionais pela internet e recebeu alguma orientação na escola. Ela se inscreveu para Engenharia Civil e passou na PUC-RS. Quando se aproximou a data da matrícula, ela mostrou muita insegurança. Conversamos, e ela decidiu fazer um curso pré-vestibular (para ter mais certeza da escolha profissional) em vez de já começar a faculdade. Cursou, então, o pré-vestibular até junho, quando disse que queria prestar vestibular novamente na metade do ano e que era mesmo Engenharia Civil a opção desejada. Fiquei em dúvida se a opção dela se dava realmente porque era o curso que ela queria ou para não precisar mais fazer o curso pré-vestibular.

Mas o contrato com o curso pré-vestibular era para o ano inteiro e foi necessário honrá-lo.

A realidade

Quais pais gostariam de passar por isso?

Pergunto a você, leitor: Foi fácil fazer a sua escolha profissional? Tenho certeza de que a maioria vai responder que não foi fácil. E você, está realizado na sua profissão?

É comum encontrarmos pessoas que se queixam por ter desperdiçado tempo e dinheiro ao optar pelo curso errado. Será que levaram em conta as suas habilidades, a sua vocação?

Quem tem certeza da sua escolha profissional ao sair do Ensino Médio?

Quem não deseja chegar no dia da inscrição para o Enem ou o vestibular tendo plena certeza de qual profissão quer exercer durante grande parte da vida?

Acredito que esse seja o sonho de todo jovem que hoje está concluindo o Ensino Médio. Porém, a pergunta que não sai da cabeça é: ESTOU FAZENDO A ESCOLHA CERTA?

Sabemos muito bem que a etapa da vida denominada juventude é cercada de muitas dúvidas e complicações próprias do momento. Há muita insegurança! O jovem está buscando um sentido para a vida. O jovem está passando por uma turbulência hormonal e não se dá conta disso. No ímpeto de acertar, muitas vezes não vislumbra as consequências das suas escolhas. O jovem fica introspectivo, sem constância em suas atividades.

Todos nós passamos por muitas questões inquietantes relacionadas à escolha profissional.

Como descobrir do que realmente gosto? Qual é a minha vocação? Quais são as minhas habilidades? Quais são os meus talentos? Qual profissão devo escolher? Qual escolha dará mais dinheiro? Qual me dará mais satisfação?

Tomar uma decisão acertada hoje vai aproximar o jovem de um amanhã de sucesso e imensa satisfação pessoal!

Conforme divulgado no Portal Universia Brasil, segundo o professor Oscar Hipólito, reitor da Universidade Anhembi Morumbi, "no Brasil, a média (de evasão) entre as públicas e privadas é de 21 a 22% ao ano". Porém, quando o primeiro semestre do curso torna-se o foco dos índices de evasão, esse valor pode chegar de 40% a 50% dos estudantes.

Conforme divulgado no Portal da UNIT, em outra pesquisa, do Portal Educacional, realizada com 2 mil adolescentes no início da fase de inscrições para os principais vestibulares do Brasil, 54% dos estudantes ainda não decidiram qual profissão querem exercer. Ainda conforme a mesma pesquisa, as escolhas equivocadas são as principais responsáveis pelos percentuais de evasão universitária.

Que medos e expectativas nos atormentaram quando começamos a cursar a universidade?

Vou apresentar a seguir os cinco aspectos principais a serem avaliados para a escolha da profissão de modo mais assertivo:

- Autoconhecimento
- Ambiente de trabalho
- Objetos e conteúdos de trabalho
- Atividades / rotina de trabalho
- Retorno do trabalho

Desenvolvendo os aspectos da escolha

O aspecto mais importante para o jovem é conhecer-se a si próprio. É preciso identificar claramente do que se gosta e do que não se gosta.

Quais são os seus valores? Quais são as suas habilidades? Quais são os seus talentos? O que você está disposto a perder para seguir essa profissão? O que você está querendo ganhar exercendo essa profissão? O que você não quer fazer de jeito algum no exercício dessa profissão?

É muito importante que você consiga responder claramente a todas essas perguntas. O adolescente tem de olhar para si mesmo.

O próximo passo será identificar em qual ambiente de trabalho quer trabalhar, em quais locais quer trabalhar.

Surgem muitas perguntas a serem respondidas. Com o que quero trabalhar? Com que tipos de pessoa? Com que tipos de objeto? Quais conteúdos quero que permeiem a minha vida profissional? Nesse momento, o jovem traça o que quer em relação a objetos e conteúdos.

Num terceiro momento, o jovem vai identificar quais profissões correspondem e oferecem o que ele quer para o futuro dele. Identifica que atividades específicas quer para a sua vida profissional e como quer exercê-las.

Também é muito importante que o jovem identifique quanto quer trabalhar e como deseja que seja a sua rotina.

E, por último, o jovem deve identificar o que quer obter a partir do trabalho. Esse aspecto leva em consideração, principalmente, os seus valores.

As informações pertinentes

Hoje existe muita informação sobre as profissões na internet, no Facebook, no Google; além disso, existem muitas profissões, muitas universidades, são inúmeras as opções, mas o adolescente não sabe muito sobre si mesmo.

O teste vocacional já não é mais muito usado.

O adolescente, muitas vezes, gosta de coisas muito diferentes, de áreas de interesse totalmente diversas, por exemplo, gosta de Medicina e de Engenharia Civil.

As influências

Durante o período da escolha profissional, o jovem sofre diversas influências, por exemplo, o desejo de seus pais para que siga a profissão deles; a admiração que sente por um profissional de sucesso sem, no entanto, imaginar todas "as dores" superadas até alcançar esse sucesso; a identificação com algum professor, que o leva a querer seguir seus passos ou fazer o que ele indica.

Ao longo do Ensino Médio, há pais que não falam nada e deixam o adolescente em pânico, e não é um bom caminho deixar o filho assustado. Há, ainda, aqueles pais que já escolheram a profissão pelo filho. Na verdade, o mais importante é que os pais e o filho devem ter uma conversa franca. Os pais têm de ajudar o filho a se conhecer melhor.

Os pais devem auxiliar na orientação profissional do filho, mas o mais importante é deixá-lo escolher, por meio de uma conversa franca, primando orientá-lo na escolha.

O adolescente vem muito com a ideia de que quer fazer algo que dê dinheiro, que garanta um lugar no mercado de trabalho. Cinco anos depois, a profissão do futuro de hoje pode ser a profissão do passado. O mais importante é pensar naquilo que gosta.

As profissões tradicionais ainda têm grande enfoque na escolha. No entanto, elas muitas vezes não garantem uma vaga de trabalho, não garantem o sucesso! Não é possível se basear na garantia de que uma profissão estereotipada vai trazer sucesso! Existem hoje inúmeras profissões que pagam muito melhor que as tradicionais.

Metaforicamente podemos dizer que não se deve casar sem amar o cônjuge. A profissão é como um casamento, porque, no mínimo, ficaremos alguns anos exercendo-a. É impossível ser feliz sem amar o que se faz, todos os dias, toda semana, todo mês, todo ano... Você concorda?

Pesquisar sobre as profissões, o mercado de trabalho, os currículos das faculdades e as grades curriculares, tentar identificar as próprias habilidades, conversar com os pais, os amigos próximos e os professores para saber o que eles identificam no jovem, tudo isso é muito importante para que o jovem consiga se preparar para enfrentar as dificuldades que surgirão.

O jovem deve escolher o que quer ser no futuro! Ter a capacidade de nunca deixar de tentar uma profissão pelas dificuldades que se apresentam no mercado de trabalho.

Ele tanto está construindo sua identidade pessoal quanto sua identidade vocacional. É importante que tenha em mente qual é sua identidade profissional. Para isso, precisa se perguntar o que quer estar fazendo daqui a alguns anos?

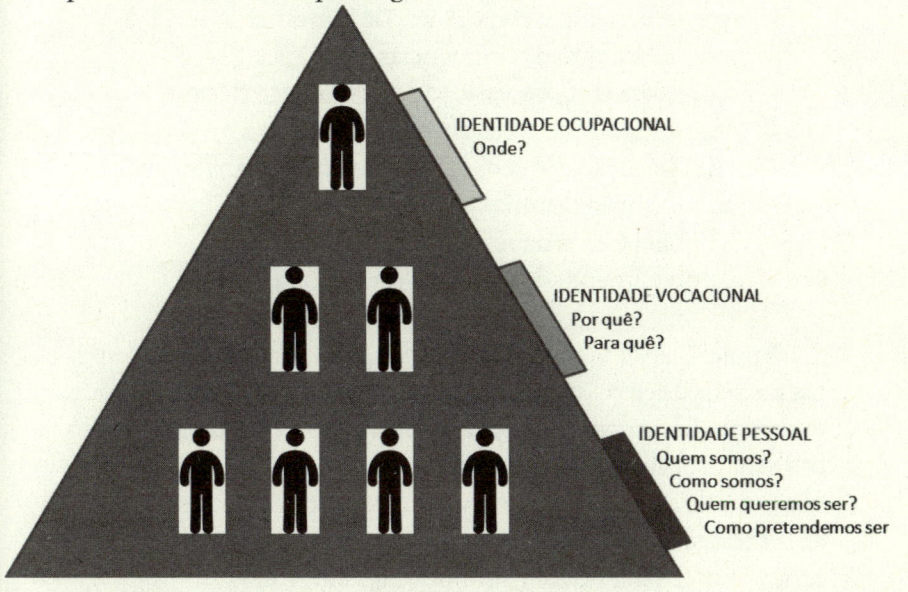

IDENTIDADE OCUPACIONAL
Onde?

IDENTIDADE VOCACIONAL
Por quê?
Para quê?

IDENTIDADE PESSOAL
Quem somos?
Como somos?
Quem queremos ser?
Como pretendemos ser

O que gostaria de estar fazendo se não tivesse problema de dinheiro? É o jovem que tem de entender o que gostaria de estar fazendo caso não tenha problema de dinheiro. Para você, leitor, que está vivendo o momento de definir que profissão seguir, sugiro que siga os próximos passos, nos quais apresento ferramentas para ajudá-lo a decidir.

Escreva as suas vontades. Onde estão as suas habilidades? Descubra do que você está disposto a abrir mão.

Temos de considerar que a melhora no desempenho profissional é diretamente proporcional a quanto você ama seu trabalho. Então pergunto: Você ama o que faz?

Como consigo ajudar

Para exemplificar, vou relatar o processo que apliquei com uma cliente (*coachee*) a que atendi. Vou chamá-la Carolina para preservar sua identidade.

A abordagem por um processo de *coaching* permite que, por meio de ferramentas e técnicas cientificamente desenvolvidas, o jovem venha a ter:

- conhecimento e consciência de si mesmo;
- conhecimento das influências;
- consciência da necessidade de escolher e decidir;
- consciência das preferências vocacionais;
- identificação dos seus talentos, das suas habilidades;
- composição de uma carreira;
- conhecimento da realidade educacional;
- conhecimento da realidade profissional.

Apoiei Carolina durante o percurso para encontrar as respostas aos seus dilemas, o que impulsionou sua vida. Foram utilizados exercícios, ferramentas, testes e técnicas que a auxiliaram a descobrir seus próprios potenciais. A base de tudo, que é usada pelos profissionais de *coaching*, está nas perguntas, fazendo o jovem refletir e encontrar suas próprias respostas, além de incentivar a mudança, ações e buscas por novos caminhos e aprendizados.

Ela me procurou com o objetivo de voltar a estudar. Havia trancado o curso de Jornalismo. No segundo semestre do curso percebeu que não era com isso que queria trabalhar. Carolina já havia decidido fazer Relações Públicas, porém não conseguia economizar dinheiro para voltar aos estudos. Ela tinha escassez de recursos financeiros para pagar uma faculdade particular. Concomitante a isso, necessitava estudar na universidade local porque não teria despesas com deslocamentos e poderia continuar a morar na casa dos pais.

Durante as primeiras sessões trabalhamos sua autoconsciência. Ela apontou seus principais valores, sem os quais não conseguiria viver. A família veio em primeiro lugar. No levantamento dos seus talentos, além dos identificados por ela mesma, foi investigada a percepção das pessoas mais próximas a ela.

Ainda na fase do autoconhecimento, surgiu uma crença limitante que apontou sua resistência quanto a estudar na universidade local, onde havia sido iniciado o curso de Jornalismo. Sugeri que fosse feito o acompanhamento da rotina da universidade, observando as pessoas que lá circulavam durante o horário do intervalo, no período noturno. Essa tarefa foi primordial para derrubar essa crença que a acompanhava desde que começou a estudar.

Derrubadas as crenças e identificados os valores, os talentos e as habilidades, começamos a etapa da pesquisa. Sugeri que visitasse até três agências de publicidade para conhecer a rotina de trabalho. Carolina visitou uma agência de publicidade local e conversou com a proprietária. Foram relatadas as dificuldades encontradas, foi identificada a rotina. Carolina voltou desestimulada, sem ânimo para cursar Relações Públicas. Afinal, o mercado de trabalho, na região, era muito concorrido. Nos testes realizados, o perfil comportamental não identificava uma pessoa com as características necessárias para esse trabalho.

Então Carolina passou a considerar o levantamento realizado na fase de autoconhecimento: o que ela gostava de fazer, qual era sua vocação, quais eram suas habilidades/seus talentos. Ela finalmente identificou o que realmente lhe traria prazer na vida profissional. Porém, nessa fase surgiu mais uma crença limitante. Ela achou que não poderia ingressar no curso que pretendia, pois tem um pequeno problema de dicção. Fizemos um trabalho de mudança de mentalidade, e ela se aceitou como é, comprometendo-se consigo mesma a procurar, na própria universidade, técnicas para serem praticadas para minimizar ou até eliminar seu problema.

Carolina estava decidida a cursar Letras Português/Espanhol. Ela sonhou e passou a se visualizar em sala de aula e sentiu-se realizada, feliz.

Voltou a estudar e já no primeiro semestre passou a participar de um programa de acompanhamento de professores para aprender a rotina em sala de aula. Estava realizada! Prestou concurso para estagiar em uma escola municipal, foi aprovada e deixou o antigo emprego. Atualmente está em sala de aula e cursa Licenciatura em Letras Português/Espanhol.

Ela está muito motivada, muito realizada, encontrou seu caminho, descobriu o que a faz levantar todas as manhãs com brilho nos olhos!

Conclusão

Segundo levantamentos realizados na Universidade Federal do Rio Grande do Sul (UFRGS) e na Universidade Federal de Santa Catarina (UFSC), entre 25% e 30% dos alunos aprovados anualmente nos vestibulares declaram já ter iniciado um curso superior antes. Cerca de 40% a 50% dos alunos desistem, trocam de curso e solicitam transferências internas.

Muitas dúvidas rondam a cabeça. Ao contrário do que muitos imaginam, as respostas não estão à venda por aí nem devem ser dadas por outras pessoas.

Se andarmos pelas ruas de qualquer cidade do mundo e perguntarmos às pessoas qual seria o verdadeiro objetivo de vida delas, descobriríamos que, de cada 100 pessoas, apenas duas sabem qual é seu verdadeiro propósito de vida, o que prova também que não é tão fácil assim encontrar alguém que nos dê bons conselhos nessa área.

É preciso conduzir o jovem para que, além de ter consciência de si mesmo, perceba os seus diferentes papéis na sociedade, seus talentos, sua vocação, o que é preciso para ter uma vida plena. Isso inclui não somente a vida profissional e financeira mas também as áreas que completam uma vida de sucesso: saúde, qualidade de vida, relacionamentos e responsabilidade social.

Escolher uma profissão não é só escolher o que fazer, é escolher quem eu quero ser no futuro. Não tem como fazer algo de que não se gosta! Por isso, esse é um momento de pensar em si mesmo.

A aplicação de um método que, num aprendizado constante, leva o jovem a:

- ter autoconhecimento por meio do levantamento de valores, crenças, talentos, habilidades e competências;
- definir os objetivos e as metas;
- ter foco de atuação por meio do planejamento e da ação;
- fazer a análise do cenário por meio da pesquisa.

A finalização é feita por uma avaliação criteriosa que permite a checagem das conquistas, tornando possível alcançar a escolha certa!

12

Inconsciente
Sua programação para o sucesso ou fracasso

Muitos grandes gênios da história, líderes mundiais, homens e mulheres de negócio têm utilizado de forma inteligente seu inconsciente para alcançar seus objetivos. Empregá-lo a fim de conquistar o sucesso é uma questão de escolha, e você também a possui. Descubra neste capítulo como acessar o melhor de sua mente

Marcio Contreras

Marcio Contreras

Escritor e conferencista internacional, Marcio Contreras começou seus estudos sobre alta performance da mente com o objetivo de transformação pessoal e desenvolvimento da sua própria carreira.
Através das aplicações das mais avançadas técnicas de desenvolvimento humano, alcançou não apenas o sucesso em sua carreira como executivo mas também a maestria em diversificadas áreas de atuação:

- Aos 25 anos tornou-se professor de MBA da Fundação Getulio Vargas, Músico e Mestre em artes marciais.
- Estudou Administração, Ciências Contábeis, Teologia e Filosofia Russeliana.

Além da vasta formação teórica, consolidou também uma carreira bastante robusta atuando em grandes Empresas de abrangência global.
Contreras desenvolveu um profundo conhecimento da psicologia humana, são mais de 11400 horas dedicadas ao estudo e pesquisa, uma sólida formação em grandes universidades, como Harvard University e formação direta com *experts* mundiais como Anthony Robbins, Jeffrey Zeig e Dr. Richard Moss.

Introdução

Todos nós já ouvimos falar da história de Aladdin, um jovem que em um momento de fuga e dificuldade cai em uma gruta, onde encontra uma lâmpada empoeirada, que, ao ser esfregada por ele, liberta um gênio que estava adormecido dentro dela. Ao sair, o gênio revela poder conceder três desejos ao jovem, que em resumo escolhe ser príncipe e se casar com a filha do sultão.

Essa história é, como muitas outras, uma metáfora, algo simbólico e ilustrativo, que possui vários significados e ensinamentos profundos, relacionados à busca do ser humano por uma vida melhor e pelo sucesso. Vamos entender um pouco essa metáfora e ver como, de forma prática, ela tem muito a nos ensinar a ter sucesso em nossa vida pessoal e profissional.

Na história, vemos que Aladdin encontra a lâmpada e o gênio em uma caverna, uma gruta, um local profundo, escuro, debaixo da terra. Essa simbologia não é nova; trata-se de uma metáfora que nos dá a ideia de que a lâmpada e o gênio, ou seja, a solução para os problemas estão escondidos em um local profundo, desconhecido por nós; todo o potencial está em um local submerso e não aparente.

A grande boa notícia é que todos nós temos a lâmpada do gênio a nosso alcance (apesar de escondido), até mesmo melhor que a de Aladdin, pois não estamos limitados a três desejos. Ao contrário, o potencial de nossa lâmpada é ilimitado.

Muita gente vive o fracasso em seus relacionamentos, na vida profissional, na financeira, etc., por não conhecer esse tesouro infinito dentro de si.

Mas, onde está, então, a minha lâmpada?

A metáfora da caverna refere-se ao inconsciente do ser humano. Ali se encontra a sua lâmpada e o gênio, que está adormecido, ou seja, todo o potencial ilimitado para realizações está em sua mente inconsciente. Neste capítulo, quero demonstrar isso de forma prática, pois muito se tem falado do poder da mente, porém de forma supérflua e pouco objetiva, levando até à banalização do assunto. Quero incentivá-lo ao estudo desse tema dizendo que não apenas na história de Aladdin, mas também na vida real muitos grandes gênios da história, líderes mundiais e homens e mulheres de negócio têm utilizado de forma inteligente seu inconsciente para alcançar seus objetivos.

Alguns pensam: "Mas, por que então eu não consigo utilizar esse poder da minha mente inconsciente, já que ele está dentro de mim?". Talvez por isso muitas pessoas acreditem que esse poder não existe, pois poucos conseguem acessar o gênio da lâmpada. Sim, todo o potencial está ali dentro de você; segundo a ciência, utilizamos muito menos de 10% de todo o nosso potencial e fazemos isso porque não usamos as ferramentas certas por falta de conhecimento. Portanto, este é o objetivo deste capítulo: ensinar o caminho para a lâmpada e o gênio.

A Matrix da mente

O primeiro passo para a utilização de qualquer ferramenta é conhecê-la, entender seus princípios de operação, as regras básicas de seu funcionamento. Podemos comparar a mente a um computador: a mente funcionaria como um *software* que direciona seu pensamento e seu comportamento a fim de mudar o resultado final, ou seja, seu comportamento. Daí a necessidade de mudar a programação.

Vamos entender então como funciona nossa mente. Nossa mente é uma unidade, porém, para efeitos didáticos e melhor compreensão, podemos dividi-la em duas partes: a mente consciente e a mente inconsciente. Outros nomes também são atribuídos à mente inconsciente (mente subjetiva, subconsciente, passiva, etc.), por isso fique à vontade para substituir o termo para aquele que melhor se adapta a você. Aqui vou usar os termos consciente e inconsciente para representar a dualidade de nossa mente.

Sua mente consciente é aquela que você usa de forma ativa para pensar e interpretar cada instante de sua vida, é aquela voz interior que lhe faz perguntas e lhe traz respostas a todo momento.

A mente consciente é extremamente útil e importante, porém é também bastante limitada, o que é comprovado pela ciência. Vários experimentos já deixaram claro que a mente consciente pode lidar apenas com um número limitado de informações, e é exatamente por isso que existe a outra parte, a mente inconsciente, a qual é capaz de gerenciar tudo mais que fica de fora, incluindo os aspectos mais importantes de nossa vida, como a respiração, os batimentos cardíacos e todos os processos internos de sobrevivência.

A mente inconsciente: a lâmpada do gênio

Já a mente inconsciente é diferente. É a parte mais poderosa da mente, pois é capaz de lidar com 40 milhões de informações por segundo (simplesmente incrível!), é nela que está armazenada toda a nossa memória, inteligência e sabedoria profunda, é nela também que estão "programados" nossos comportamentos, atitudes e hábitos. Por isso, parecemos agir automaticamente, pois simplesmente colocamos em funcionamento nosso *"software"* inconsciente.

Essa forma de atuação do inconsciente é extremamente útil, pois imagine se você tivesse de se lembrar, pensar e processar toda vez que fosse fazer algo simples como amarrar os sapatos. Seria um esforço e um gasto de energia enormes. À medida que você vai praticando algo, esse comportamento vai ficando programado e tornando-se automático; é como, por exemplo, andar de bicicleta: no início você se preocupa com cada detalhe – o equilíbrio, as pedaladas, a direção das mãos, etc. –, no entanto, à medida que pratica, você para de pensar conscientemente em cada um desses detalhes e passa a fazer todo o processo automaticamente.

Andar de bicicleta é apenas um exemplo. A grande sacada aqui é entender que há vários programas (hábitos) instalados em sua mente – uns bons, outros ruins, dependendo do resultado que você está querendo para sua vida. Em certos casos, você pode querer mudar alguns desses comportamentos ruins, e, para tanto, é necessária uma nova programação em sua mente inconsciente.

Durante a Guerra da Coreia, nos anos 1950, os chineses conseguiram mudar a mentalidade e o comportamento de vários soldados norte-americanos para ganhar sua colaboração, até mesmo os convertendo ao comunismo. Digo isso para demonstrar que até mesmo profissionais altamente treinados e o mais patriotas possível tiveram sua mentalidade e seus comportamentos alterados com técnicas simples de mudança comportamental trabalhadas dia a dia pelos chineses. Para nós, isso mostra que a mudança comportamental é possível e ainda mais fácil se estamos com vontade de mudar. Os chineses utilizaram técnicas de trabalho com o inconsciente, como a sugestão e a autoimagem, algo que veremos mais adiante.

Utilizando seus recursos mais preciosos

Agora que já entendemos como funciona nossa mente, nosso foco é trabalhar a mente inconsciente, pois vimos que é nela que reside o poder da mudança, o poder de alcançar os resultados desejados; é lá que estão seus recursos mais preciosos.

> O princípio básico da mente inconsciente diz: Uma vez que a mente inconsciente aceita uma ideia, ela passa a executá-la como verdade e passa a tornar a realidade com base nesta ideia. Ela não diferencia uma boa ou má ideia, ela trata o que plantamos nela como verdade, desta forma gerando pensamentos, comportamentos e resultados.

Tudo o que você focar em sua mente, colocando emoção verdadeira, seu inconsciente aceitará como verdade absoluta e criará um ambiente para que se torne realidade. O que você tem plantado em seu inconsciente?

Você pode pensar: "Mas eu penso e analiso tudo ao meu redor com a minha mente consciente". Na verdade, o que você acha que está analisando é um reflexo; sua mente consciente simplesmente reage ao que já está plantando em sua mente inconsciente.

De forma geral, então, seria simples mudar nossa vida, bastaria simplesmente tirar aquilo que é ruim de seu inconsciente para mudar seus hábitos e seus comportamentos negativos e, em seu lugar, colocar novos programas positivos e poderosos que gerem comportamentos e atitudes vencedoras. Grosso modo, é isso mesmo! Porém, na prática, não é tão simples assim, pois a mente inconsciente tem sua forma particular de aprender e mudar. Falo isso pela prática de anos como hipnólogo trabalhando com as mais diferentes causas e pessoas, diretamente na mente inconsciente.

Apesar de a mente inconsciente ter suas particularidades para mudar, a mudança não é difícil. É necessário apenas ter consistência na aplicação das técnicas, aprendendo os princípios de funcionamento e aprendizagem da sua mente inconsciente. Assim, você será capaz de operar mudanças incríveis e transformar completamente toda a sua vida.

Meu objetivo neste capítulo é ajudar você a aplicar sozinho algumas técnicas poderosas de auto-hipnose a fim de mudar em nível inconsciente, transformando, assim, radicalmente seus resultados.

Como a mente inconsciente aprende

Como podemos reprogramar nosso *"software"* mental?

A técnica que quero apresentar agora se chama encantamento.

O encantamento que aparece nos filmes de magos e bruxas também existe na vida real, porém de forma um pouco diferente, e você o utiliza diariamente – já explicarei essa afirmação. Tecnicamente chamamos o encantamento de sugestão.

Muita gente me pergunta com ar de espanto: "Como você consegue utilizar sugestões tão poderosas em seu *show* de hipnose? Como você faz as pessoas terem alucinações e se transformarem completamente, passando a agir como um artista no palco? Como você faz tudo isso apenas com algumas sugestões?"

Eu respondo que todos têm esse poder de sugestão utilizado na hipnose, a maioria de nós até mesmo o utiliza no dia a dia, fazendo auto-hipnose involuntária. O triste é que na maioria das vezes isso ocorre de forma negativa.

Quando, por exemplo, você está diante de um desafio ou um problema, quais são as sugestões que você dá à sua mente? Geralmente as sugestões dadas pela maioria das pessoas são:

- Isso vai ser complicado!
- Estou frito!
- Isso não vai dar certo!

Assim surgem diversas sugestões negativas, que são implantadas e tornam a experiência a pior possível. Além da experiência individual ruim, se essa prática é um hábito, o destino da pessoa se torna o pior possível.

Mas, Márcio, como eu poderia agir de outra forma? Os pensamentos não são automáticos?

Sim, os pensamentos são automáticos, mas você pode mudá-los se começar a ter consciência deles, você pode mudá-los para serem automáticos, mas positivos, com sugestões fortalecedoras que melhorem a sua experiência e o resultado que quer obter naquele momento.

Seu inconsciente é ultrapoderoso e traz à tona as respostas às perguntas e aos comandos que você lhe impõe, sejam bons, sejam ruins; o inconsciente não julgará, apenas obedecerá.

Seja seu próprio "hipnólogo", porém utilize sugestões positivas. Por exemplo, na mesma situação desafiadora exemplificada acima, dê os seguintes comandos à sua mente:

- Essa experiência será divertida!
- Isso será fonte de um grande aprendizado!
- Essa é uma oportunidade para eu utilizar todo o meu potencial!

Essa simples mudança de comandos para sua mente trará uma mudança radical na forma de experimentar situações cotidianas e, com o passar do tempo, se tornará automático para você utilizar sugestões poderosas em vez de sugestões negativas.

Pare de utilizar o poder da auto-hipnose para enfraquecer suas ações e mude o seu destino.

Quem é você? Sua identidade

Outra forma extremamente negativa de autossugestão se refere à nossa identidade, que também nos leva a experimentar situações de forma positiva ou negativa.

Por exemplo, se você constantemente se autodenomina alguém que não tem sorte, imagine o que vai acontecer, como seu inconsciente vai reagir a esse comando? Lembre-se: sua mente não analisa se a sugestão é boa ou ruim, ela simplesmente executa seu comando.

É muito comum, em meio a situações de dificuldade, as pessoas dizerem a si mesmas coisas do tipo:

- Como eu sou idiota!
- Eu não posso fazer isso, sou incapaz...
- Estou em uma enrascada como sempre.
- Eu sou um perdedor.
- Não devia ser eu a estar aqui, eu não sou a pessoa certa

Esse tipo de autossugestão fortalece sua autoimagem (nesse caso negativamente), sua identidade, que é o elemento principal para você experimentar a vida. Ou seja, quem você é definirá seus pensamentos e seus comportamentos.

Mas como mudar isso?

Sugiro a você, assim como faço com meus clientes de *coaching*, que em primeiro lugar comece a observar seus pensamentos e suas sugestões diárias; se possível, anote e perceba os padrões de suas autossugestões, o que você tem dito a si mesmo constantemente. A autoconsciência é o primeiro passo para a mudança.

O segundo é você enviar sugestões positivas à sua mente inconsciente. Se você plantar sementes positivas, começará a colher comportamentos positivos.

Não estou dizendo que você deva se iludir com autoafirmações ridículas de pensamento positivo diante do espelho. O que estou dizendo é que você é responsável pelas sugestões que dá ao seu inconsciente, por isso dê comandos positivos diariamente, perceba o que está dizendo a si mesmo em cada situação e utilize sua mente consciente para direcionar seu inconsciente; seja seu próprio hipnólogo e perceba as mudanças que ocorrerão.

Mas como reagir diante de uma situação desafiadora? Alguns exemplos de como direcionar sua mente:

- Agora é o melhor momento para eu utilizar todo o meu potencial.
- Eu tenho a solução em minha mente inconsciente.
- Tudo posso naquele que me fortalece.
- É hora do *show*!

Lembre-se: os pensamentos, as crenças e as opiniões que você sugere à sua mente inconsciente direcionam sua experiência, para que seja manifestado de forma objetiva e visível aquilo que você criou como imagem mental.

Desenvolvendo habilidades através do inconsciente

A técnica de desenvolvimento de habilidades que vou compartilhar com você agora é extremamente poderosa e foi disseminada pelo famoso escritor e pesquisador Napoleon Hill, que é considerado uma das cinco pessoas mais influentes da história no tema desenvolvimento pessoal, tendo sido assessor dos presidentes norte-americanos Woodrow Wilson e Franklin Delano Roosevelt.

Napoleon conta que construiu seu caráter e suas habilidades por meio do trabalho em sua mente inconsciente todas as noites antes de dormir.

Primeiro, ele listou os homens que possuíam as qualidades que ele desejava adquirir, as pessoas que ele admirava por suas habilidades – no caso dele eram grandes homens de sua época, presidentes dos Estados Unidos e homens de negócio (Emerson, Paine, Edson, Darwin, Lincoln, Burbank, Napoleão, Ford e Carnegie).

Você pode proceder da mesma forma. Não precisa listar apenas pessoas que você conheça pessoalmente, nem há limitação de quantidade de pessoas. Apenas liste as habilidades e as características que você quer desenvolver e as pessoas que na sua opinião são os melhores modelos dessas habilidades.

Agora vem o procedimento descrito por Napoleon.

Todas as noites antes de dormir, ele se via mentalmente em uma reunião com essas pessoas, em uma grande mesa de reuniões, e se dirigia mentalmente a elas da seguinte forma:

Sr. Lincoln, desejo construir em meu próprio caráter o senso de justiça, o espírito de paciência incansável, o senso de humor, a compreensão humana e a tolerância, que são suas características distintas.

Sr. Emerson, gostaria de adquirir com sua ajuda a sua maravilhosa compreensão da natureza, que distinguiu a sua vida. Peço a você que faça uma impressão em minha mente inconsciente, de quaisquer qualidades que possua, que lhe permitiu entender e adaptar-se às leis naturais. Peço a você que me ajude em conseguir absorver qualquer fonte de conhecimento que esteja disponível para esse fim.

E assim ele conversava mentalmente com cada um deles, solicitando sua ajuda para construir em si mesmo suas habilidades.

Um segundo passo foi acrescentado a essa técnica pelos hipnólogos modernos, potencializando ainda mais o poder de aprendizado da mente inconsciente. Nessa reunião mental, após conversar com a personalidade, imagine-se sendo essa pessoa, imagine-se vestindo a personalidade da outra pessoa como se fosse uma roupa e, então, veja-se no corpo dela, agindo com as habilidades que ela possui, na situação que você gostaria de vivenciar.

É muito importante ter uma imagem nítida e detalhada, ouça com os ouvidos da pessoa, sinta em sua pele as sensações, sinta os cheiros e os sabores, tenha todos os sentidos o mais nítidos possível. Perceba como é ter as habilidades e as características dessa pessoa.

Todo esse processo pode parecer estranho num primeiro momento, mas tudo o que é desconhecido é estranho; além disso, os grandes gênios da história utilizaram métodos estranhos de pensamento que os levaram a descobertas muito à frente de sua época. Você lembra como Einstein descobriu a lei da relatividade?

Esse processo que você acaba de aprender não tem nada de esotérico ou misterioso, ele pode ser explicado cientificamente. Quando você imagina as pessoas que admira e conversa mentalmente com elas, na verdade está acessando os arquivos mentais que seu inconsciente gravaram sobre o que você sabe sobre essa pessoa, não se trata de nenhum processo espiritual ou algo do tipo, é puramente sua memória inconsciente que traz à tona o que você armazenou.

Se você tem armazenado esse conhecimento, é algo que seu inconsciente aprendeu; as habilidades e os conhecimentos estão todos no seu inconsciente; o que você está fazendo nesse processo imaginativo e de autossugestão é simplesmente absorver para si aquilo que estava registrado em seu inconsciente como habilidades e características de outra pessoa.

Esse é um processo poderosíssimo que pode mudar rapidamente seus resultados, seus comportamentos e suas habilidades. Tenho presenciado verdadeiros milagres ao longo dos vários anos desde que aprendi essa técnica. Eu mesmo a tenho utilizado para desenvolver habilidades que para muitos pareceram espantosas, como, por exemplo, o fato de eu ter aprendido a tocar saxofone em apenas dois meses, sem professor.

Além de utilizar essa técnica para desenvolver habilidades e características, em várias ocasiões a tenho utilizado para resolver problemas complexos. Assim, realizo a mesma reunião mental com os personagens que escolhi, porém, em vez de lhes pedir as habilidades e as características para meu desenvolvimento, eu trago o problema à tona e peço a eles que ajudem a solucioná-lo.

É impressionante como às vezes a solução é apresentada por eles na hora da reunião imaginária, às vezes durante o sonho daquela noite ou mesmo nos próximos dias como um *insight*.

A explicação técnica para a utilização desse recurso é que, quando você pergunta mentalmente e para "outra pessoa", seu inconsciente fica livre e desvinculado das crenças e das limitações de sua própria identidade individual para trazer as respostas e as soluções. Não existe nenhum impeditivo ou filtro que geralmente atue como um bloqueador da criatividade.

Os obstáculos não devem deter você

Você pode utilizar essas técnicas e transformar completamente sua vida, desenvolvendo-se e trazendo soluções para os desafios que enfrenta, sejam eles na vida pessoal, sejam na profissional.

Existem dois grandes obstáculos que tentarão impedi-lo de seguir adiante:

1. Não acreditar que é possível.
2. Não aplicar o que aprendeu.

O primeiro, não acreditar que é possível, é muito comum ocorrer, principalmente porque a maioria de nós não vê a utilização de recursos tão avançados pela maioria das pessoas, e nossa tendência é fazer o que a maioria faz. Porém, quero trazer um novo pensamento para você mudar essa mentalidade:

> "Faça como a maioria e tenha o mesmo resultado que a maioria tem."

É simples assim! A maioria tem o resultado que você almeja? A maioria alcançou o sucesso? Ou tem sido o contrário? Apenas uma minoria tem acesso a conhecimentos transformadores e, dessa forma, obtém resultados diferentes, em outras palavras, faça como a maioria e continue sofrendo como a maioria.

Estas são apenas algumas reflexões para sua tomada de decisão. Se você está feliz com os resultados que tem obtido, mantenha o que tem feito e continue colhendo os mesmos frutos; do contrário, quero convidá-lo a mudar suas ações, trocar suas sementes e colher novos frutos.

O segundo obstáculo, não aplicar o que aprendeu, é uma continuidade do primeiro, pois, se você decidiu fazer diferente, aplicar os novos conhecimentos para transformar os resultados, agora é necessário ter consistência. O grande segredo aqui é aplicar o aprendizado de forma sistemática e frequente. O mais difícil é o início, pois, assim como quando começa a andar de bicicleta, você coloca em ação vários novos conhecimentos em prática, mas, com o ganho de familiaridade, todo o processo vai se tornando automático e com o tempo o que era um novo conhecimento torna-se um hábito.

Não deixe que os primeiros tombos impeçam você de usufruir a liberdade e a alegria de um passeio de bicicleta, não deixe que as primeiras dificuldades de trabalhar com seu inconsciente o impeçam de transformar radicalmente seus resultados.

No início pode parecer difícil você policiar seus pensamentos durante o dia, também pode parecer estranho você criar imagens mentais antes de dormir, porém quero motivá-lo a tentar, pois homens e mulheres de sucesso têm utilizado essas estratégias e alcançado incríveis feitos. Seja você também um deles.

Alcance seus objetivos e traga soluções para sua vida utilizando sua lâmpada e liberando o seu gênio, seu inconsciente!

13

Crenças limitantes

"Se você acha que pode ou que não pode fazer alguma coisa, você tem sempre razão."
Henry Ford

"Cuidado com seus pensamentos, eles se tornam as suas palavras. Cuidado com as suas palavras, elas se tornam as suas ações. Cuidado com as suas ações, elas se tornam os seus hábitos. Cuidado com seus hábitos, eles se tornam o seu caráter. Cuidado com o seu caráter, ele se torna o seu destino." Autor desconhecido

Nívea Zamarian

Nívea Zamarian

Coach pessoal e *professional – life coaching, positive coaching, carrer coaching, líder coaching e business coaching* – treinada e certificada pela Sociedade Brasileira de Coaching (SBCOACHING), reconhecida pela International Coaching Council (ICC). Treinamento desenvolvido com conteúdo exclusivo da Behavioral Coaching Institute (BCI). Dale Carnegie Training – Comunicação Eficaz e Competências Interpessoais para Alta Performance. Participante do Fórum Internacional de Negócios e Coaching – Brian Tracy International. Profissional da Aviação Civil com 13 anos de experiência na área.

Contatos
zamarian.coach@gmail.com
Facebook: Nivea Zamarian
Fan Page: Personal & Positive Coach Zamarian
Skype: nivea_zm
Intagram:@nivea_zm

Você sabe o que são crenças limitantes?

As crenças são estabelecidas com base em nossos valores, e as limitantes são resultados de interpretações negativas das experiências que vivemos desde o nascimento e ao longo de nossa vida; nos primeiros anos de vida e na infância principalmente em relação a nossos pais ou cuidadores, ao modelo de educação que recebemos e à sociedade em geral. Dessa forma, vamos criando, formando modelos mentais e percepções do mundo com base nas experiências de vida, que nem sempre correspondem à realidade.

As crenças limitantes normalmente surgem quando estamos tomando algum tipo de decisão. Ou seja, elas são uma programação mental que nos é inserida quando somos submetidos a experiências ruins. Todas as experiências negativas vividas na infância foram gravadas como aprendizados em nosso cérebro por meio das submodalidades (visual, auditiva, sinestésica), criando, assim, as crenças limitantes, que influenciam como nos relacionamos em diversas áreas da nossa vida e impedem a mudança de paradigmas.

As crenças determinam o que vamos ou não conseguir, o que vamos ou não viver, o que é certo e o que é errado, o que é verdadeiro e o que é mentira.

Vivemos numa época em que muitas pessoas são capazes de alcançar sucesso, de serem bem-sucedidas, vivem relacionamentos saudáveis, conquistam coisas maravilhosas, realizam sonhos e são felizes. Em contrapartida, outras pessoas vivem uma vida fracassada, têm relacionamentos destruídos, estão insatisfeitas com seu trabalho, são infelizes e doentes.

Por que não somos todos capacitados, felizes, ricos, saudáveis e bem-sucedidos?

Qual é a diferença entre pessoas ricas e pobres, realizadas e fracassadas, bem-sucedidas ou malsucedidas, saudáveis ou doentes?

As respostas a essas perguntas estão literalmente em nossa mente, são as nossas "crenças".

A mente é, ao mesmo tempo, a solução e nosso maior inimigo, ou seja, nosso grande adversário no dia a dia, pois o principal influenciador positivo ou negativo é nosso cérebro. São nossas crenças que determinam como é nosso corpo, se seremos ricos ou pobres, se seremos bem-sucedidos ou fracassados, pessoas felizes ou infelizes, se vamos ter uma vida de abundância ou uma vida de miséria. É o que alimenta o medo ou a coragem, o agir ou o paralisar, o eu consigo ou o não sou capaz.

Todos os nossos comportamentos, sentimentos e ações são formas de comunicação. Toda comunicação vai gerar um estado emocional, que é tudo aquilo que estou sentindo naquele momento. Todo estado em que me encontro vai produzir meus comportamentos. Todos os meus comportamentos rotineiros levam a hábitos, tudo o que eu penso vai produzir em mim uma crença, que consequentemente vai me levar a um resultado (negativo ou positivo).

A comunicação interna é tudo aquilo que imaginamos, sentimos dentro de nós. A comunicação externa é expressa por palavras, tonalidade da voz, postura corporal, ações físicas. Seu mundo será construído pelas palavras que saem da sua boca; se você quer construir uma vida positiva, é preciso que sua mente e suas palavras sejam positivas.

Ninguém nasce com crenças determinadas, elas são adquiridas pelas nossas experiências de vida. A crença é uma programação que foi inserida em nossa mente como forma de aprendizado por meio de conexões (sinapses). Sofremos condicionamentos desde a infância, por meio de tudo aquilo que ouvimos, vimos e sentimos de nossos pais, da família, das escolas, da TV, da sociedade em geral, das leituras, da religião, etc.; as coisas que foram ditas e a forma como fomos tratados quando jovens. Todas as experiências boas e ruins que vivemos ao longo de nossa vida, desde nossos primeiros anos, algumas impostas e outras formadas, influenciam positiva ou negativamente nossa visão de mundo e das pessoas ao nosso redor. Aos poucos, vamos percebendo ou não, quanto as crenças chamadas "limitantes" nos impedem de chegar aonde queremos.

Os pais, embora normalmente bem-intencionados, desempenham um papel importante no processo de construção das crenças limitantes. Muitas vezes, eles criam seus filhos com base no medo, na ameaça e na insegurança, o que gera crenças limitantes em relação a vários aspectos da vida. Querem transmitir a seus filhos o que julgam correto na visão de suas próprias crenças e valores. Desse modo, os filhos vão formando modelos mentais e crenças limitantes que impedem a mudança e a quebra de paradigmas. Vejamos alguns exemplos.

Imagine que todas as vezes que uma criança pequena tenta fazer algo e não consegue os pais lhe digam: "Você não presta pra nada, não consegue fazer nada sozinho. Você é um incompetente, menino!". Ela vai crescer tendo como crenças limitantes a insegurança, o medo e a autoestima baixa, porque essa criança viu, ouviu e sentiu palavras negativas e duras de seus pais, muitas vezes acompanhadas de umas palmadas.

Agora, voltando ao mesmo exemplo da criança que tenta fazer algo e não consegue. Se seus pais lhe disserem: "Não tem problema. Vamos tentar de novo, filho. Você consegue! Estou aqui do seu lado para ajudar. Sei que você é capaz de fazer. Vamos lá, filho, você vai conseguir!" e, quando o filho consegue, comemora com ele, dá um beijo e os parabéns por ter conseguido; esse tipo de atitude vai formar nessa criança crenças fortalecedoras de autoconfiança, coragem e persistência, porque ela viu, ouviu e sentiu palavras de incentivo, palavras positivas de confiança e encorajamento de seus pais, acompanhadas de um abraço e um beijo.

Outro exemplo é um rapaz que acredita que ninguém gosta dele. Em consequência disso, seu comportamento torna-se antipático, o que leva de fato a ninguém gostar dele. Provavelmente, ele ouviu algo de alguém que o fez acreditar nisso. Quem dá muita importância ao que os outros falam sobre si está simplesmente alimentando crenças limitantes em seu cérebro.

Minha pergunta a você é: o que você viu, ouviu e sentiu de seus pais, familiares e amigos, na sua escola, na sua comunidade, na sua infância e ao longo da sua vida, que foi gravado na sua mente, no seu subconsciente, por meio dessas conexões neurais, em relação a dinheiro, família, amor, trabalho, relacionamento, entre outros?

As maiores dificuldades na percepção das crenças limitantes são a autossabotagem, a vitimização e a defesa do ego. As pessoas começam a arrumar culpados pelo que está acontecendo de errado com elas, acreditam com convicção que a culpa por seu fracasso é do marido, da esposa, do pai, da mãe, dos amigos, do trabalho, da família, etc. Não conseguem perceber que a culpa de tudo isso é delas mesmas, que o fracasso ocorreu em razão de algo que não sabiam. É mais fácil encontrar culpados e achar desculpas do que reconhecer seu próprio erro.

Pessoas fracassam na vida em seus objetivos porque usam mais justificativas do que procuram soluções.

"Não culpe a vida pelos seus fracassos, ela apenas lhe dá escolhas, o responsável por elas é você!", frase de autor desconhecido.

Pessoas vencedoras utilizam o passado de derrotas apenas como alavanca para o futuro e para saber como não deve ser feito novamente.

Nem sempre seguimos integralmente tudo o que pensamos, no entanto aquilo em que acreditamos exerce grande influência sobre nossos pensamentos e consequentemente sobre nossos comportamentos e nossas ações. Para mudar nossos comportamentos, temos de começar a alterar nossas crenças. Se você acredita em sucesso, ficará fortalecido para consegui-lo. Agora, se acreditar em fracasso, suas crenças tenderão a levá-lo ao fracasso.

Quando acreditamos com convicção que alguma coisa é verdade, é como se enviássemos um comando ao nosso cérebro de como representar o que está acontecendo, e ele faz simplesmente o que lhe é mandado.

Como identificar suas crenças limitantes

Existem algumas crenças que são inconscientes e tão profundas que você não consegue identificá-las sozinha. Nesses casos, precisará da ajuda de alguns profissionais, como *coach*, psicólogo, terapeuta, entre outros. Existem também as crenças que são conscientes, as quais você mesmo consegue identificar por meio do que fala e pensa. Vejamos alguns exemplos:

"Eu sou burro mesmo."
"Eu não sou talentoso o suficiente."
"Eu não sei vender."
"Eu não tenho tempo."
"Eu não tenho sorte na vida."
"Eu não tenho dinheiro."
"Eu não posso, eu não sei, eu não consigo."
"Nada do que eu faço dá certo."
"Já cheguei ao meu limite."
"Os outros são melhores do que eu."
"Se eu tivesse sorte", entre tantas outras.

Comece a perceber o que você argumenta de forma negativa, pois isso é uma crença limitante. Você está sempre certo daquilo em que acredita, dessa forma vai assimilar tudo isso e reproduzir como se fosse verdade absoluta, formando, assim, suas crenças. As crenças que levam à insegurança, ao medo e à preocupação são as que nos impedem de experimentar o sucesso e conseguir realizar nossas metas e alcançar nossos objetivos.

O que fazer para mudar as crenças limitantes para crenças fortalecedoras?

Depois de ter descoberto em que você acredita, é hora de decidir o que deseja mudar.

Quando uma pessoa resolve mudar um comportamento, alterar uma crença, ela está assumindo o controle do cérebro. Mudar dói, pois implica sair da zona de conforto.

Questione, busque respostas, pergunte por quê, ou seja, desmonte aquele pensamento que o limita. O *coaching* é uma ferramenta poderosa para destruir os impedidores da mente.

Jogue fora as crenças limitantes e comece a construir suas crenças fortalecedoras.

- Escreva em forma de frase quais são as crenças limitantes que o impedem de agir.
- Encontre a causa das crenças limitantes. Em qual situação foi desencadeada a crença?
- Verifique suas crenças limitantes atuais e substitua-as por crenças fortalecedoras em forma de frases positivas, afirmando sua atitude, sua vontade e seu compromisso.

Vejamos alguns exemplos:

"Sinto-me forte e seguro."
"Tudo o que faça dará certo."
"Sou uma pessoa de sucesso."
"Sou vencedora e corajosa."
"Dinheiro para mim não é um problema."
"Minha vida é uma bênção."
"Tento sempre até conseguir", entre tantas outras.

- Palavras como nunca, jamais, não, porém, mas devem ser evitadas.
- Feche os olhos, crie uma imagem e visualize o resultado, a meta que deseja alcançar.
- Condicione a nova crença até que se torne um hábito.

Fazer uma nova programação mental é fundamental, pois, quando passamos a ver o lado positivo das coisas e trabalhamos nossas habilidades, forças, virtudes e talentos, focando em dar o nosso melhor, as crenças limitantes vão diminuindo a cada dia, e com isso estaremos cada vez mais próximos de alcançar o sucesso em nossa vida.

Foi exatamente assim que aconteceu comigo, em 2002. Eu não imaginava que pudesse ser uma comissária de bordo, tinha algumas crenças limitantes, como: "Já estou velha demais", "Nenhuma companhia aérea vai querer me contratar", "Já sou mãe, tenho duas filhas pequenas, e eles preferem contratar mulheres que não tenham filhos", "Não tenho inglês fluente", "Isso não é para mim", "Será que vou conseguir passar na entrevista?".

Nessa época, eu não conhecia o *coaching*, que ainda é muito novo no Brasil, por isso levei mais tempo para perceber que precisava mudar meus pensamentos, mudar essas crenças que me limitavam, tornando-as crenças fortalecedoras. Deixar de acreditar no que os outros me falavam e passar a acreditar mais em mim. Mudei meus pensamentos, minhas atitudes e minhas crenças. Meu desejo de voar era tão grande quanto a minha vontade de vencer. Eu sabia exatamente aonde queria chegar, qual era a minha meta, meu objetivo. Eu me visualizava sendo contratada, exercendo minha função. Eu não desisti diante dos desafios, e a cada não que recebia, mais força tinha para continuar buscando o tão sonhado sim. Até que um dia, depois de quatro longos anos, eu finalmente consegui realizar meu sonho, a minha meta, que era poder voar.

Quando você coloca foco naquilo que quer para sua vida e o busca todos os dias, você alcança o que deseja. Sou feliz pelas escolhas que fiz na minha vida.

O processo de *coaching* trabalha muito a ressignificação para a eliminação das crenças limitantes que impedem o cliente (*coachee*) de alcançar o que deseja, ou seja, suas metas. O poder está dentro de você. Descubra seus recursos limitadores e seus potenciais ainda não utilizados e mude sua vida.

Atitudes e propósito de vida alinhados com sua missão e seus valores. Seja quem você verdadeiramente é, procure passar por um processo de *coaching*.

Sucesso e prosperidade!

Referências

HILL, Napoleon. *Atitude mental positiva*. Porto Alegre: Citadel, 2015.
MURPHY, Dr.Joseph. *O poder do subconsciente*. Rio de Janeiro: Record, 1963.
ROBBINS, Anthony. *O poder sem limites, o caminho do sucesso pessoal pela Programação Neurolinguística (PNL)*. Rio de Janeiro: Bestseller, 2015.
SBCOACHING. *Prosperity Academy*. Sbcoaching.

14

Engajamento

"Qualquer pessoa de sucesso sabe
que é uma peça importante,
mas que não conseguirá nada sozinha."

Bernardinho

Nívea Zamarian

Nívea Zamarian

Coach pessoal e *professional – life coaching, positive coaching, carrer coaching, líder coaching e business coaching* – treinada e certificada pela Sociedade Brasileira de Coaching (SBCOACHING), reconhecida pela International Coaching Council (ICC). Treinamento desenvolvido com conteúdo exclusivo da Behavioral Coaching Institute (BCI). Dale Carnegie Training – Comunicação Eficaz e Competências Interpessoais para Alta Performance. Participante do Fórum Internacional de Negócios e Coaching – Brian Tracy International. Profissional da Aviação Civil com 13 anos de experiência na área.

Contatos
zamarian.coach@gmail.com
Facebook: Nivea Zamarian
Fan Page: Personal & Positive Coach Zamarian
Skype: nivea_zm
Intagram:@nivea_zm

Afinal, o que significa engajamento?

Engajar é um verbo da língua portuguesa que se refere ao ato de participar de modo voluntário de algum trabalho ou atividade. O verbo engajar ainda pode ser utilizado no sentido de dedicação, ou seja, fazer algo com afinco e vontade.

Engajamento na vida profissional

Por que as pessoas fracassam na vida profissional?

De acordo com pesquisas, 87% das pessoas ingressam nas empresas em razão de seu currículo e de conhecimentos técnicos, mas são demitidas por problemas comportamentais. Pesquisa feita pelo Instituto Gallup com mais de 1,3 milhão de trabalhadores em 192 organizações descobriu que aquelas onde o engajamento dos funcionários é maior são 22% mais lucrativas, 21% mais produtivas e possuem índice de absenteísmo 37% menor do que as que apresentam menor porcentagem de funcionários engajados.

Existem três grupos de pessoas nas empresas.

Grupo 1: chamado de zona de perigo, corresponde àquele em que o estado emocional gera ansiedade diante de desafios, e seus comportamentos contribuem para a queda da performance.

19% dos funcionários estão ativamente desengajados:
- Estão insatisfeitos e contaminando as pessoas ao seu redor.
- Demonstram seu descontentamento e seu mau humor.
- Reclamam o tempo todo de tudo e são pessoas negativas.
- Não entregam resultados nem são produtivos.
- Arrumam desculpas e pretextos para tudo.
- Contribuem com o mínimo na empresa.

Grupo 2: chamado de zona de conforto, corresponde àquele em que o estado emocional opera em um nível de ansiedade considerado tolerável pelo funcionário, e seus comportamentos geram um nível estável de performance.

52% dos funcionários não estão engajados:
- Cumprem apenas horas.
- Trocam seu tempo por dinheiro ("salários").
- Fazem somente aquilo que são pagas para fazer.
- Acomodam-se e ficam no emprego por causa do que recebem.
- Não saem da zona de conforto.
- São pessoas medíocres e medianas.
- Contribuem com a empresa somente o necessário.

Grupo 3: chamado de zona da performance, – corresponde àquele em que o estado emocional em que sente maior ansiedade sobe diante de um desafio, e o conjunto de comportamentos utilizados é ampliado de modo a aumentar a performance; seu desempenho e suas habilidades são potencializadas. Pessoas que vivem em estado de alta performance possuem características comportamentais que não só as distinguem de outras pessoas, e grupos como também garantem seu sucesso.

Apenas 29% dos profissionais estão engajados.
- Mantêm-se produtivo e leais à empresa.
- Seguem um planejamento estratégico.
- Entregam excelentes resultados.
- Procuram novos conhecimentos e aprendizados.
- Doam-se 120% e têm uma visão de dono.
- Assumem a liderança com coragem e determinação.
- Assumem riscos e trazem as responsabilidades para si.
- Inspiram as pessoas ao seu redor a serem melhores.
- São pessoas extraordinárias e de sucesso.

Qual é o papel do líder?
- Sair da zona de conforto.
- Assumir desafios e responsabilidades.

- Tirar sua equipe, seu time da zona de conforto e motivá-los.
- Entrar em ação!

Quando você aumenta o desafio, gera uma ansiedade, que, por sua vez, vai gerar um nível de estresse necessário para responder aos desafios com mais foco, concentração e determinação, passando, assim, da zona de conforto para a zona de performance.

O engajamento no trabalho é fundamental para o sucesso e a boa produtividade de uma empresa. Cabe aos líderes observar e identificar os colaboradores que não estão engajados e que não estão completamente inseridos e enturmados no ambiente corporativo. Deve saber analisar o comportamento de cada um, encarando a diversidade, que pode ser a chave principal para uma equipe bem-sucedida. A partir daí fica mais fácil elaborar um plano de ações para aumentar a satisfação dos profissionais e, consequentemente, fazer com que fiquem cada vez mais engajados, motivados e comprometidos.

Liderança engajada e motivada

"Um líder de sucesso não está à frente da sua equipe, e sim ao lado."

Se o líder não está engajado, não pode simplesmente chegar e dizer: "Vocês precisam se engajar mais". Antes, ele precisa trabalhar essa questão consigo mesmo. Só assim vai conseguir um bom trabalho. A autenticidade é muito importante, ser sincero e honesto; nesse sentido as pessoas conseguem perceber se o líder realmente está engajado ou não. O segredo para um time de sucesso é diferenciar seus liderados por suas qualidades e suas ideias e valorizar o potencial de cada um, não desmerecendo alguém por saber menos ou desconhecer alguma coisa. A verdadeira motivação está em ajudar o seu liderado a aprender e torná-lo capaz de atingir resultados que antes ele não achava ser possível.

Motive mais sua equipe

Seja um bom ouvinte, incentive o diálogo entre a equipe, converse com seus liderados sobre pontos que podem ser melhorados, peça opiniões sobre possíveis mudanças e ações a serem realizadas. Não se limite a suas próprias ideias. Esteja aberto e disposto a compartilhar seus conhecimentos, a ouvir na essência, a aprender com a equipe. Evite comportamentos individualistas; divida o sucesso dos projetos realizados com o grupo.

Preste atenção aos erros, fique atento às falhas e identifique os problemas para que não se repitam no futuro, prejudicando os resultados desejados.

Parabenize os acertos, reconheça o esforço de cada um, estimule o colaborador a crescer sempre mais e adquirir novos conhecimentos e habilidades.

Faça elogios sinceros, seja capaz de identificar motivos verdadeiros para serem elogiados.

Seja positivo, calmo, sereno, confiante e controlado. Dessa forma, você transmite tranquilidade e segurança à sua equipe.

Engajamento total

Uma pessoa engajada com o trabalho, mas desengajada com a vida, poderá ter problemas de relacionamentos, um desequilíbrio entre o pessoal e o profissional, um baixo nível de bem-estar e de satisfação pessoal. Isso refletirá negativamente em seu desempenho profissional. Da mesma forma, se uma pessoa é engajada com a vida, mas desengajada com o trabalho, também haverá desequilíbrio.

O engajamento total envolve quatro dimensões:

1. A física: que se refere ao vigor e à energia que se dispensa àquilo que você está fazendo.
2. A emocional: que diz respeito à dedicação, a colocar "o coração" no trabalho ou na tarefa a ser realizada e ao sentimento de orgulho que isso gera.
3. A social: que trata da qualidade das relações que você mantém, o que se reflete na colaboração necessária para fazer as coisas que não pode realizar sozinho ou que gerariam resultados melhores se você tivesse o apoio de outras pessoas.
4. A cognitiva: que alude à absorção, ao foco e à concentração direcionados à atividade que você está executando.

A harmonia e o equilíbrio entre essas as quatro dimensões – física, emocional, social e cognitiva – são extremamente importantes, pois uma alimenta a outra. A ausência ou a redução de uma única dimensão afetará negativamente as demais. Veja um exemplo.

O baixo engajamento emocional acarreta perda de motivação e redução do bem-estar e da frequência das emoções positivas, tanto no ambiente pessoal como no profissional.

Manter a estabilidade emocional não é tarefa fácil. No dia a dia encontramos barreiras que não nos permitem vivenciar o que realmente nos faz feliz e nos motiva. Rotinas, excesso de trabalho, estresse no trânsito, problemas nos relacionamentos, entre outros, podem ser alguns dos fatores que impossibilitam a maioria das pessoas de encontrar um bom motivo para levantar-se da cama, fazer o dia valer a pena e deitar a cabeça no travesseiro com a sensação de missão cumprida. Mas, afinal, o que de fato nos motiva e nos deixa verdadeiramente felizes? Escutar nosso coração e mentalizar o que realmente nos alegra, identificar sonhos e desejos, objetivos profissionais, esse é o segredo para realizar o trabalho com paixão. As pessoas gostam e têm necessidades de se sentirem seguras, donas de seu próprio destino, realizadas nas tarefas do dia a dia, em um bom ambiente de trabalho, familiar e social. A satisfação pessoal e a profissional devem estar em equilíbrio para que haja engajamento.

Para reflexão:

No que se refere à sua vida pessoal, como você avalia seu engajamento com:
1. sua família e sua comunidade?
2. sua saúde física e psicológica?

No que se refere à sua carreira, como você avalia seu engajamento com:
1. sua equipe e seus colegas de trabalho?
2. seu chefe e seus líderes?

Agora, convido você a avaliar os objetivos do seu engajamento pessoal e profissional. Responda:

- Como você avalia seu engajamento físico, emocional, social e cognitivo?
- Com o que você é mais engajado?

- Quais são as evidências de que você está verdadeiramente engajado com isso?

Valores e propósito de vida

Para que haja engajamento, é essencial acreditar que o que você faz valer a pena. Daí a importância de saber quais são seus valores e seu propósito. Eles são os propulsores do engajamento. Os valores direcionam nosso comportamento e governam nossas decisões, eles nos motivam a agir; por isso, quando nossos objetivos e ações não estão alinhados com nossos valores, geram-se frustração, desmotivação e falta de sentido. Falta algo importante em nossa vida e no trabalho. Devemos viver em harmonia e congruência com nossos valores para dar significado à vida e ao trabalho e também para nos motivar em nossas escolhas e nossas ações.

Já o propósito é o sentido maior, a busca mais importante, pois é o que faz uma pessoa levantar todos os dias de manhã. Quando uma pessoa descobre seu propósito de vida, ela se sente naturalmente mais completa e, a partir de então, consegue atribuir um significado profundo e verdadeiro à sua existência.

O propósito fornece o alicerce que permite a uma pessoa ser mais resistente aos obstáculos, ao estresse e às tensões do dia a dia. Ele também indica quais são seus principais talentos, suas forças e suas capacidades e, o mais importante, como você vai utilizá-los em prol das pessoas, da sociedade e do seu bem-estar.

Portanto, ao identificar o seu propósito, seja franco e objetivo consigo mesmo e defina um caminho claro para que possa se dedicar de forma física, emocional e mental.

Bem-estar e satisfação com a vida

Bem-estar é um conjunto de práticas que engloba boa nutrição, atividade física, bons relacionamentos interpessoais, familiares e sociais, além do controle do estresse. Ou seja, tudo aquilo que você faz por si mesmo. Existem evidências significativas de que pessoas felizes são mais saudáveis, produtivas e resilientes a fatores externos.

A "Escala de satisfação com a vida" é um dos instrumentos desenvolvidos por Diener para medir o bem-estar. A escala é composta de cinco perguntas, que estimulam a pessoa a julgar sua vida como um todo e, a partir disso, avaliar sua satisfação. A "Escala de satisfação com a vida" é uma ferramenta bastante usada em *coaching*. Agora chegou a sua vez de fazer sua avaliação.

Avaliação de satisfação com a vida

Usando uma escala de 1 a 7, indique seu grau de concordância com cada uma das afirmações a seguir.

7	Concordo totalmente
6	Concordo
5	Concordo parcialmente
4	Não concordo nem discordo
3	Discordo parcialmente
2	Discordo
1	Discordo totalmente

	Em muitos aspectos, a minha vida aproxima-se do que eu considero ideal.
	Minhas condições de vida são excelentes.
	Estou satisfeito com minha vida.
	Até agora tenho conseguido as coisas importantes que quero na vida.
	Se pudesse viver a minha vida de novo, eu não alteraria praticamente nada.

Pontos e resultados

30 a 35 pontos: extremamente satisfeito
Pessoas nessa faixa de pontuação amam sua vida e sentem que as coisas vão muito bem. Contudo, o fato de estarem satisfeitas não significa que sejam complacentes. Na verdade, o crescimento e o desafio podem ser parte da razão dessa satisfação, e a vida prazerosa e os prin-

cipais domínios de suas existências funcionam a contento: trabalho, família, relacionamentos, lazer e desenvolvimento pessoal.

25 a 29 pontos: satisfeito

As características acima também se aplicam às pessoas nessa faixa de pontuação. A diferença é que elas podem extrair motivação das áreas de sua vida em que a satisfação é menor.

20 a 24 pontos: medianamente satisfeito

A média da satisfação com a vida nas nações economicamente desenvolvidas situa-se nessa faixa de pontuação. As pessoas que se encontram nesse grupo estão satisfeitas com a maioria das diferentes áreas de sua vida, mas percebem a necessidade de algumas melhorias em todas elas – ou de grandes melhorias em uma ou duas áreas. É importante observar que, embora essa situação possa ser vista como "normal", uma vez que se aplica à boa parte das pessoas, quem se posiciona nessa faixa em geral quer promover mudanças em sua vida a fim de mover-se para um nível mais elevado.

15 a 19 pontos: pouco insatisfeito

Pessoas que pontuam nessa faixa geralmente possuem pequenos, porém significativos, problemas, em diversas áreas de sua vida. Ou, então, estão bem em diversas áreas, mas possuem uma área que representa um problema substancial para elas. Se, por um lado, o indivíduo moveu-se temporariamente de um nível mais alto de satisfação para esse por causa de um evento recente, as coisas tenderão a melhorar com o tempo, e a satisfação voltará a se elevar – para algumas pessoas, um pouco de insatisfação pode funcionar como motivador. Se, por outro, a pessoa sentir-se cronicamente "um pouco insatisfeita" com muitas áreas de sua vida, reflexão e mudanças são necessárias.

10 a 14 pontos: insatisfeito

Pessoas nessa faixa de pontuação sentem-se substancialmente insatisfeitas com sua vida. Elas podem estar mal em diversas áreas e muito mal em uma ou duas. Se a insatisfação for uma resposta a um grave evento recente (divórcio, falecimento de um ente querido, demissão), é provável que, com o tempo, o indivíduo retorne a seus níveis anteriores de satisfação. Entretanto, se a insatisfação for crônica, mudanças se fazem necessárias – tanto nas atitudes quanto nos padrões mentais e nas atividades diárias. Nessa faixa, a pessoa pode não estar funcionando bem porque a infelicidade atua como uma distração. Embora a mudança positiva dependa sempre da pessoa, a ajuda de um especialista pode ser recomendável.

5 a 9 pontos: extremamente insatisfeito
Pessoas nessa faixa de pontuação sentem-se substancialmente infelizes com sua vida. Elas se inserem na descrição acima com as seguintes diferenças: esse nível de satisfação indica que a pessoa não está bem em múltiplas áreas de sua vida e, em alguns casos (mas nem sempre), a insatisfação cronicamente extrema pode estar ligada ao alcoolismo ou ao abuso de substâncias tóxicas. A pessoa precisa mudar, e a ajuda de especialistas é necessária.

Desejo sucesso e que você possa verdadeiramente se engajar mais na sua vida como um todo.

Gratidão!

Referências
MARQUES, José Roberto. *Coaching e carreira: técnicas poderosas e resultados extraordinários.* Goiânia: IBC, 2012.
TRACY, Brian; MATTA, Villela da; VICTORIA, Flora. *Engajamento total.* São Paulo: SBCoaching, 2016.

15

Maximize seus resultados por meio da roda da abundância

Prezados leitores, espero que este capítulo proporcione um mergulho em ferramentas e técnicas que o levem para o próximo nível. Considero próximo nível qualquer avanço que lhe traga mais felicidade de forma ecológica. Quando falo em maximizar resultados, trago exercícios que foram aplicados em meus processos de *coaching* junto a clientes, trazendo abundância para suas vidas

Silvia Sarmento

Silvia Sarmento

Fundadora da Tchê Treinamentos, professora universitária e *head trainer*, idealizadora do Fazer Acontecer – Treinamento Vivencial de Alto Impacto, *coach* executiva e de negócios com foco em desenvolvimento de liderança e equipes.

Contatos
silvia@tchetreinamentos.com.br
(51) 9223-2016

Quero convidar você a dar um mergulho prático em algumas atitudes e comportamentos que você vai precisar eliminar ou adotar caso queira ter uma vida abundante.

Tenho me dedicado ao estudo do comportamento humano na última década, em bancas escolares como professora, em organizações como consultora empresarial e *coach* ou nos demais meios sociais, e existem comportamentos e atitudes comuns entre os que se destacam e realmente fazem a diferença.

Um grupo muito pequeno de pessoas está disposto a fazer escolhas diferentes, pagar o preço e perpetrar algo extraordinário em sua vida.

Enquanto a maioria das pessoas insiste em dizer que precisa ver para crer, a minoria que faz a diferença crê para ver. Nesse sentido, lembro-me de uma citação de Buda:

"A lei da mente é implacável.
O que você pensa, você cria;
O que você sente, você atrai;
O que você acredita torna-se realidade."

É impressionante o que as pessoas conseguem fazer quando realmente acreditam que são capazes e merecedoras de efetivar o que planejaram.

É importante que você se permita ver as situações, com a perspectiva de resolver e solucionar os conflitos aos quais é exposto diariamente. Caso contrário, vai perder sua saúde física e mental lamentando e sendo assombrado por seus problemas.

Praticando os pilares da abundância

É com foco 100% na troca de lentes e na mudança de mentalidade que apresento a ferramenta "Roda da abundância"!

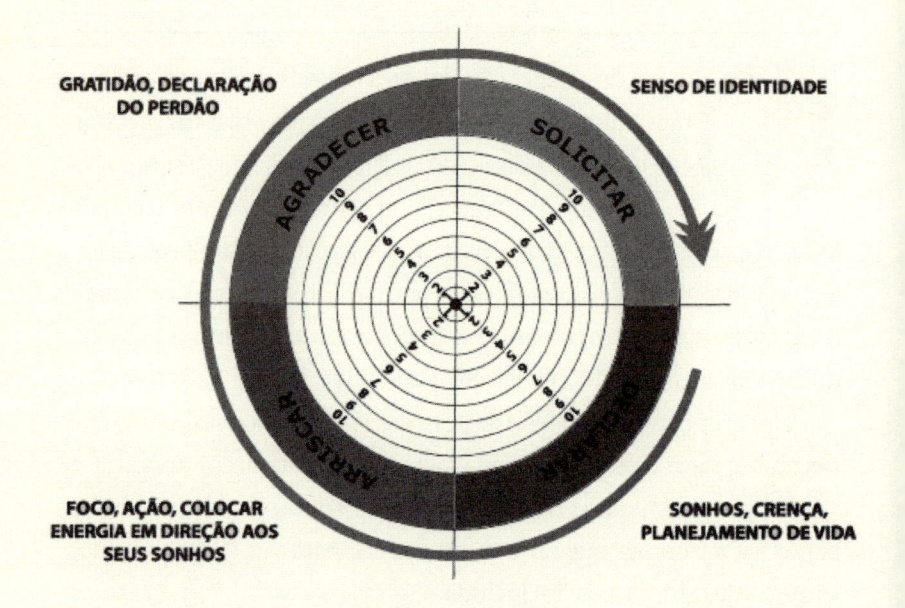

GRATIDÃO, DECLARAÇÃO DO PERDÃO — AGRADECER

SENSO DE IDENTIDADE — SOLICITAR

FOCO, AÇÃO, COLOCAR ENERGIA EM DIREÇÃO AOS SEUS SONHOS — ARRISCAR

SONHOS, CRENÇA, PLANEJAMENTO DE VIDA — DECLARAR

Esse instrumento é utilizado em processos de *coaching* e visa trabalhar a abundância com a conjugação de quatro verbos: Solicitar, Declarar, Arriscar e Agradecer. Esses verbos representam as atitudes contínuas necessárias para que se estabeleça um padrão de energia da vida com abundância.

Repare que cada verbo está localizado em um quadrante de 90º, com uma escala de zero a 10, a ser pontuada de acordo com a execução de cada verbo rumo ao propósito a ser alcançado.

A roda da abundância é utilizada para acelerar resultados, tornando, assim, o objetivo mais próximo de ser alcançado.

A habilidade de gerar riqueza e plenitude é proporcional à velocidade com que a roda da abundância gira na sua vida. Logo, quanto mais próximo de 10 os quatro quadrantes estiverem, mais fluidez o indivíduo terá em sua vida, usufruindo abundância.

Vamos praticar!

Declare e acredite que é merecedor!

Pegue a roda da abundância e foque no quadrante Declarar.

Complete as seguintes afirmações para que reconheça aquilo que já é, mas visando ao que quer se tornar:

1. Eu sou:
2. Eu gosto de:
3. Eu experimento:
4. Eu sinto:
5. Eu posso:

Agora, pense naquilo que deseja e no que você quer realizar e por que isso tornará você mais feliz.

1. O que eu quero:
2. Ao conseguir, que emoções vou sentir?

Declarar significa dizer o que sou ao Universo. É se reconhecer como merecedor dessa conquista, o que muitas vezes não é percebido, tornando a busca de objetivos uma jornada rumo ao fracasso em razão da autossabotagem.

Como posso correr atrás e me dedicar de verdade a um projeto do qual não me sinto merecedora?

Muito complexo de inferioridade é trazido à tona nesse quadrante.

Um exercício interessante que você pode fazer é listar cinco pessoas que admira. Ao lado do nome delas, anote a característica que mais preza em cada uma. Agora, circule ou sublinhe as características que você possui.

Quem eu admiro	Característica

Até sua mente estar treinada para reconhecer o melhor que há em você, o que está no outro será sempre mais interessante!

O que precisamos ter em mente é que o que um ser humano consegue o outro também tem capacidade de alcançar. Basta se dedicar a isso.

As pessoas não nascem fadadas ao sucesso. Elas batalham dia e noite, usando seus fracassos como degraus de uma escada, e não como tijolos de um muro de lamentações!

Depois de acreditar que merece, é preciso pedir o que precisa!

Solicitação tem poder

Agora que você já sabe o que quer e acredita que merece, é preciso mentalizar e conectar sua energia rumo a saber pedir.

Classifico a solicitação de algo que desejamos em duas esferas:

1. Emotizar

Conforme o professor Luiz Machado, emotização é a ciência que possibilita o desenvolvimento das potencialidades humanas.

> Emotizar é um processo de revestir o objetivo de emoções, vibração com a antecipação do resultado, mas ela será cada vez mais forte se a combinarmos com entusiasmo criador.

Mais importante que pedir, é saber pedir. É preciso tornar a solicitação específica e mensurável, saber extrair os detalhes do que estamos pedindo. Por exemplo:

Em janeiro de 2016, eu emotizei que, ao final de julho de 2016, eu teria realizado três edições de um treinamento de Alto Impacto, com lucro líquido suficiente para bancar uma nova certificação internacional em *Master Coach*.

Agora é a sua vez!

1. Pegue uma folha em branco e anote, no topo à direita, a data em que deseja ler esta carta, sendo o período no mínimo de três meses e no máximo de um ano.
2. No primeiro parágrafo, escreva a afirmativa conforme o modelo abaixo, adaptando os campos para você.
3. Liste seus objetivos, lembrando que eles devem ser específicos e mensuráveis.
4. Após finalizar sua lista de realizações projetadas, dobre a folha e coloque-a em um envelope, destinado a você mesmo.
5. Leia essa carta por 21 dias consecutivos. Isso mesmo, 21 dias consecutivos. Caso falhe um dia, recomece a leitura até completar o ciclo.

A seguir, apresento um modelo de carta de emotização.

Porto Alegre, 28 de julho de 2016.

Eu sou a Silvia Sarmento e quero apresentar a você as minhas realizações nos últimos seis meses.

1. Realizei três edições de um treinamento de Alto Impacto, com lucro líquido suficiente para bancar uma nova certificação internacional em *master coach*, que farei em janeiro de 2017, na Alemanha.
2. Publiquei com meus colegas do grupo Coaches Brasil o livro O problema é seu, a SOLUÇÃO é nossa, esgotando os primeiros exemplares em menos de dez dias após o lançamento.

Com carinho,
Silvia Sarmento

Perceba que escrevi as realizações no passado, pois a intenção é enviar a mensagem de que eu JÁ conquistei tais objetivos.

2. Publicar

Aqui me refiro a tornar público o que almeja, fazendo com que as pessoas saibam o que você quer ser, ter ou fazer.

Deixe o medo e a vergonha de pedir de lado, uma vez que você tem certeza de que merece!

Solicite! O máximo que você vai receber é um não, e o não você já tinha, lembra? Por exemplo:

Atendi a uma *coachee* que estava há 12 meses sem bater as metas comerciais e operacionais da filial onde era gerente geral. Ao vencermos as lutas da declaração e o merecimento aflorar, empacamos na solicitação, pois era "feio" pedir ajuda... Foi então que lhe fiz algumas perguntas para gerar reflexão sobre seu modo de conduzir situações, conflitos e rotinas de trabalho.

Com isso, surgiu um *insight* sobre uma crença limitante:

- Toda vez que ajudo alguém, eu sinto pena! Não quero ser tratada como coitadinha!

É muito comum as pessoas não pedirem ajuda para não transparecer suas deficiências. Mas solicitar é muito mais que pedir ajuda, é tornar público a quem interessa que precisa de algo e que, se trabalhar em equipe, muitas vezes as dificuldades são superadas com maior agilidade.

Se você estiver em busca de uma recolocação e ficar em casa, diante da TV e do computador o dia todo, sem mandar currículos, participar de eventos de *network* e anunciar aos conhecidos seu desejo, qual é a chance de a oportunidade cair no seu colo?

Solicitar é como a publicidade e propaganda de um negócio.

É preciso saber se vender para alguém querer comprar qualquer sonho que deseja tornar realidade!

Por falar em sonhos, quanto realmente você tem arriscado para alcançar as suas metas?

Arriscando para vencer

Lembre-se de que, para conquistar algo, muitas vezes é preciso abrir mão de algumas coisas.

É comum as pessoas buscarem o momento perfeito, a hora perfeita e a situação ideal, o que raramente acontece, e, quando se dão conta, o tempo passou, e elas não fizeram nada do que queriam, simplesmente por medo de algo dar errado.

Um estudo realizado com pacientes em fase terminal revelou que um dos maiores arrependimentos das pessoas é não ter arriscado, tentado pelo menos realizar seus sonhos.

Um trecho da música "Epitáfio", dos Titãs, revela um pouco dessa angústia, de não ter mais tempo para fazer o que se queria...

> **Devia ter amado mais**
> **Ter chorado mais**
> **Ter visto o sol nascer**
> **Devia ter arriscado mais e até errado mais**
> **Ter feito o que eu queria fazer**
> **Queria ter aceitado as pessoas como elas são**
> **Cada um sabe a alegria e a dor que traz no coração**

Nesse quadrante,l convido você a responder a algumas perguntas:

1. Você tem medo de não conseguir ou de conseguir o que quer?
2. Está disposto a fazer acontecer e ser protagonista da sua vida?
3. Está ciente de que os resultados são fruto da sua escolha e que não adianta terceirizar essa responsabilidade?
4. O que tem feito de diferente para colher novos resultados?
5. Liste duas atividades que você iniciou e parou no meio do caminho.
6. Quanto é importante realizá-las?
7. O que o impede de tirá-las do papel e torná-las realidade?
8. Como vai se sentir ao vencer seus sabotadores e fazer acontecer?

Para chegar aonde a maioria das pessoas não chega, é preciso praticar o T.B.C. todos os dias!

O que você faz hoje pode ou não contar pontos para o amanhã.
O que você não faz certamente lhe "tira" pontos amanhã!!!
Não se esconda do jogo com medo de perder. Arrisque, desafie-se, arroje e, enfim, surpreenda!

Agradeça o que tem para merecer o que deseja!

E se você acordasse hoje apenas com as coisas pelas quais você agradeceu ontem?

Independentemente a quem você agradece, esse simples exercício cria uma energia de *flow* poderosa, capaz de fazer com que você valorize suas conquistas e as pessoas que o ajudaram. A gratidão ativa a lei da atração de forma bastante peculiar: quanto mais agradecemos, mais recebemos para agradecer.

Se você é grato pelo que recebe, a vida o presenteia com mais motivos para agradecer.

Para tornar a gratidão um hábito, desafio você a ficar 21 dias sem reclamar de absolutamente nada e agradecer o que conseguir perceber de positivo no decorrer desses dias. É difícil, mas jamais impossível.

Você vai se impressionar com os inúmeros benefícios que essa mudança trará à sua vida.

Além de agradecer, é importante perdoar, para se livrar dos pesos e dos sentimentos destrutivos que alimentamos ao não praticar a absolvição, seja ela referente aos nossos erros, seja aos do outro.

Para perdoar alguém, não é preciso voltar a conviver com a pessoa. Basta decidir não carregar mais esse fardo. Pense em alguém que precisa perdoar e tome a iniciativa. Não alimente sentimentos e hábitos que impeçam a roda da abundância de girar em máxima velocidade!

A velocidade em que a roda da abundância gira é proporcional a quanto você é capaz de dar e receber.

Pessoas soberbas só querem receber, mas não estão dispostas a dar, e enviam ao inconsciente mensagens importantes que precisam ser identificadas e ajustadas com a mudança de hábito.

Quando só damos a quem precisa, estamos registrando no inconsciente que só ganha quem precisa, logo, não nos sentimos merecedores de receber algo quando não precisamos.

Utilize o doar e o receber e viva sua vida de forma abundante, pois a prosperidade escolherá o seu lar como morada.

Para consolidar os quatro verbos, trago o texto "Deixe brilhar a luz", atribuído a Nelson Mandela em seu discurso de posse, em 1994, mas escrito por Marianne Williamson

> Nosso grande medo não é o de que sejamos incapazes. Nosso maior medo é que sejamos poderosos além da medida. É nossa luz, não nossa escuridão, que mais nos amedronta.
> Nos perguntamos: "Quem sou eu para ser brilhante, atraente, talentoso e incrível?" Na verdade, quem é você para não ser tudo isso?... Bancar o pequeno não ajuda o mundo. Não há nada de brilhante em encolher-se para que as outras pessoas não se sintam inseguras em torno de você.
> E à medida que deixamos nossa própria luz brilhar, inconscientemente damos às outras pessoas permissão para fazerem o mesmo.

Uma vida abundante está à espera das suas ações!
Então, faça acontecer!

16

Proposta de valor

Já se perguntou o que te faz agir imediatamente em uma determinada situação, e a pessoa ao seu lado não manifestar nenhuma reação? Por que se aproxima de algumas pessoas e se afasta de outras? Vamos ver como nossa personagem, Sophia, desvendou alguns desses enigmas, depois de pedir demissão da empresa onde trabalhava, mesmo sem ter outra opção de trabalho. E o que a fez entender as diferenças

Soraia Ghonaim

Soraia Ghonaim

Master Coach de carreira, atuando no apoio de profissionais que desejam subir para o próximo nível em suas carreiras, organizando melhor seu tempo entre trabalho, lazer e família. Criadora do programa Fora do Casulo. Formada em Ciência da Computação e Pós-Graduada em Tecnologia da Informação pela UNIP, atuando há 28 anos na área, Especialista em *Business Intelligence*. Através de um processo de desenvolvimento profissional, há 5 anos iniciou a jornada no *Coaching* com as formações *Personal and Self Coaching* e *Coaching* Ericksoniano pelo IBC (Instituto Brasileiro de Coaching), *Master Coach* de Carreira pelo IMS (Instituto Mauricio Sampaio), *Master Coach* Integral pela CB (Condor Blanco), *Coaching* Generativo pelo Metaforum – Universidade de Verão, com Robert Dilts e Stephen Gilligan e *Master Practitioner* PNL pelo Metaforum – Universidade de Verão. Na área de Tecnologia, obteve promoções e reconhecimentos, além de vivenciar histórias de outras pessoas de sucesso. Com este conhecimento junto às ferramentas do *Coaching*, pôde apoiar profissionais que buscavam novos desafios.

Contatos
www.foradocasulo.com.br
soraiaghonaim@gmail.com
@SoraiaGhonaim
(11) 98191-8527

Era segunda feira e Sophia estava iniciando seu dia lendo seus e-mails e tomando uma xícara de café. Já estava há 10 meses trabalhando como analista de vendas em uma conceituada empresa de varejo. Ficava em um prédio muito bonito em um bairro comercial de São Paulo.

Quando começou a receber pelo celular, mensagens de uma amiga:
- Olá Sophia! Como está?
- Estou bem e você?
- Estou ótima, graças a Deus! Você vai a festa da Marina, no sábado?
- Infelizmente não poderei ir.
- Mas, por quê? Será uma super festa.
- Porque combinei com o meu sobrinho em levá-lo ao cinema, para assistir a estreia de um filme que ele acompanha a série, e está muito ansioso.
- Não acredito que você deixará de ir à festa para sair com seu sobrinho!!!
- Eu já havia combinado com ele antes de saber desta festa.
- Fala para ele que não pode.
- Claro que não! Já dei a minha palavra.

Seu Gestor, Sr. Eduardo, se aproximou e disse: - Olá Sophia, venha até a minha mesa por favor.
- Bom dia Sr. Eduardo, estou indo.

Rapidamente ela escreveu para sua amiga que teria uma reunião com seu gestor e mais tarde falaria com ela.

Ela foi até a sala do seu gestor e sentou-se à frente dele. Ele começou a falar da atividade que precisava.
- Você viu o resultado do relatório mensal? Os valores de performance da área estão muito baixos, precisa melhorar isso.
- Mas Sr. Eduardo, a performance de atendimento realmente

foi mais baixa que no mês anterior.

- Não importa, dê um jeito de melhorar este número. Invente, se for preciso. Quero este relatório novo amanhã cedo na minha mesa.

Eduardo estava muito preocupado, pois sua esposa estava desempregada e ele sabia sobre um possível corte de funcionários na empresa onde trabalhava.

Neste momento, Sophia travou pois mudar o número seria mentir e isso era muito sério para ela. Ela era uma mulher de 27 anos que nunca havia passado por uma crise financeira. Criada pelos pais e tendo estudado a vida toda sob a proteção deles, não se sentia preparada para enfrentar problemas do dia a dia: manipular relatórios !!!

Voltou para sua mesa e para o seu celular.

- Oi amiga, já terminou a reunião e estou em apuros.
- O que houve?
- Preciso de um novo trabalho, não posso mais trabalhar aqui. Estou em conflitos com o meu gestor.
- Que tipo de conflito?
- Todo mês temos que apresentar um relatório do que fizemos e baseado nisso temos uma avaliação que pode nos dar um bônus extra quando ultrapassamos a meta mensal. E no último mês ficamos abaixo da meta. Meu gestor pediu para alterar o relatório e "criar" vendas que não existiram, incluir possíveis clientes como efetivos. Eu me recuso a fazer este trabalho.
- Se ele pediu, por que não faz?
- Porque não está certo isso.
- Se o seu gestor te pede algo, tem que fazer.
- Por isso quero sair da empresa. Não posso ir contra as ordens dele e também não acho que minha atitude em mudar o relatório seria correta.
- Não acho certo mentir, mas acho melhor isso do que ficar sem trabalho. Mudando de assunto, vamos nos reunir hoje à noite com a Soraia?
- Ótima ideia! Vou convidá-la para ir em casa às 20h. Está bom para você?
-Sim.

Sophia achou boa a ideia de se distrair porque precisava melhorar o astral. Naquele momento, havia colocado sua carta de demissão na mesa do Sr. Eduardo e na manhã seguinte ela estaria desempregada.

Às 20h a campainha toca e Sophia recebe as amigas Carla e Soraia.

As amigas foram colocando o papo em dia e claro que Sophia contou seu drama daquele dia.

A Soraia era prima de Sophia, foram criadas muito próximas e eram, além da relação familiar, muito amigas. Soraia tinha 32 anos, morava sozinha e estava atuando com desenvolvimento pessoal e profissional.

Soraia pediu permissão para falar um pouco sobre o seu trabalho:

"Uma coisa que aprendi no pensamento sistêmico é que não existe certo e errado, tudo depende do contexto: país e bairro onde nascemos, família que nos criou, amigos que convivemos, escolas, professores, situações que passamos, religião, cultura... Isso tudo vai formando critérios pessoais de certo e errado. Um exemplo simples e que muitos conhecem é o caso da vaca, que em muitos países é um animal de abate e consumo e na Índia ela é considerada um animal sagrado e o julgamento de certo e errado na morte deste animal é o oposto para estes dois grupos de pessoas.

Nos conhecendo melhor, identificamos nossos certos e errados e podemos entender que existem certos e errados dos outros. Isso facilita a ação do ouvir, pois partindo do princípio que não somos donos da verdade absoluta, mas sim da Nossa verdade, nos abrimos para entender como as outras pessoas pensam e assim praticamos melhor o Respeito por cada história de vida.

Em um momento de crise, nossos valores é que impulsionam nossas ações imediatas.

Pelo que me contaram, o Sr. Eduardo está preocupado com o desemprego, imagino com isso que segurança pode ser um valor forte para ele."

Sophia interrompeu, perguntando:

- Realmente, ele sempre fala sobre aplicação financeira e sobre um plano de contingência financeira no caso de ficar um período sem poder trabalhar. Mas como descubro meus Valores, você pode me explicar melhor o assunto?"

- Claro que sim. Valores são o conjunto de características de uma determinada pessoa ou organização, que determinam a forma como a pessoa ou organização se comportam e interagem com outros indivíduos e com o meio ambiente. Eles podem nos dar direção ou limitar as nossas decisões.

"Pode ser definido como princípios, qualidades ou entidades intrinsecamente valiosos ou desejáveis." Serviço, lucros, resultados, saúde, qualidade, e segurança são exemplos de valores comuns, que podem ser mantidos por um indivíduo ou por um grupo. Devido ao fato de que eles são associados com dignidade, sentido e desejo, os valores são a fonte primeira de motivação na vida das pessoas. Valores compartilhados são considerados o fundamento da ética, da comunidade e da cultura. Quando os valores das pessoas são alcançados ou correspondidos, elas têm uma sensação de satisfação, harmonia, ou *rapport*. Quando seus valores não são alcançados ou correspondidos, as pessoas geralmente sentem-se insatisfeitas, incongruentes ou violadas.

Os valores operam juntamente com as crenças (A ideia que se considera verdadeira e a qual se dá todo o crédito), para dar significado e motivação às nossas vidas. Eles se referem ao porque nós pensamos o que pensamos e fazemos o que fazemos. Os valores e as crenças dão suporte à identidade e à missão de um indivíduo ou organização, e oferecem o reforço (motivação e permissão) que promove ou inibe as capacidades e comportamentos em particular.

Os valores compartilhados e as crenças são a "cola" que une e mantém efetiva qualquer organização, comunidade ou equipe. Os conflitos de valores são fonte de desarmonia e dissensão.

E como disse antes, eles são definidos por meio contexto de vida que cada um teve até o momento.

Inclusive podemos até fazer uma brincadeira agora para descobrir isso. Sophia, pode pegar papel e caneta? O nome é o Jogo da Ilha."

- Sim! (Confusa com o tipo de ajuda, Sophia trouxe o material).

- Começa assim:

"Vamos sentar confortavelmente, fechar os olhos e respirar profundamente, concentre-se na sua respiração, inspirando coisas boas e espirando tudo o que deseja eliminar, o que não está bom.

Pense agora em um lugar especial, uma ilha, onde você pode criar tudo o que acha ideal para si, pode ter seu restaurante preferido, seus amigos, seu animal de estimação, exatamente tudo o que você realmente acha importante."

Uau, pensou Sophia, posso levar o quiser... Mas aí veio a dúvida, o que realmente preciso?

"Mas, primeiro, pense nas coisas práticas. Pode abrir os olhos e anotar na primeira coluna da sua folha, 20 coisas práticas que levaria para a Ilha"

Neste momento, as meninas, Sophia e Carla abriram os olhos e começaram a fazer suas anotações.

Ao terminar, peço que olhe os 20 itens e elimine 4, ficando com 16.

Começa uma etapa importante, para cada um dos 16, analise um a um e escreva na coluna ao lado o que ele representa pra você, qual o valor associado a cada item (Pode haver mais de um, mas escolha o principal). Exemplo: namorado pode significar amor, ou pode significar cumplicidade, ou diversão. Escolha o que faz sentido para você."

Depois de um tempo, Soraia retomou as instruções:

"E agora vocês encontraram 16 valores, e vamos fazer pares entre eles e identificar um valor resultante de cada par. Exemplo: se para namorado você colocou diversão e na linha abaixo tem irmão que para você significa amizade, encontre qual o significado para você entre diversão e amizade, que talvez pudesse ser neste exemplo: cumplicidade."

Mais um período de reflexão entre elas. E ao sinalizarem o término, Soraia continuou.

"Agora que vocês encontraram 8 valores, façam o mesmo exercício entre os pares até chegarem em 4 Valores."

O resultado deste exercício são os principais Valores para você.

Vejam o exercício de Sophia. Percebam o segundo maior valor para ela.

1	Pais, irmãos	Amor	Amor	Amor
2	Alguns amigos	Amizade		
3	Cama	Conforto	Bem-estar	
4	Aparelho de som	Diversão		
5	Livros	Conhecimento	Evolução	Integridade
6	Professores	Crescimento		
7	Avós, tios	Respeito	Honestidade	
8	Mesa escritório	Criação		
9	Instrumentos musicais	Aprendizado	Liberdade	Liberdade
10	Telão	Diversão		
11	Vídeos	Diversão	Plenitude	
12	Restaurante Japonês	Prazer		
13	Restaurante italiano	Prazer	Alegria	Harmonia
14	Roupas	Conforto		
15	Massagista	Felicidade	Aconchego	
16	Material de aula	Conhecimento		
17	~~Piscina~~			
18	~~Rede~~			
19	~~Espelho~~			
20	~~Varanda com vista para o mar~~			

Quando Sophia entendeu quais eram seus valores, tudo ficou mais claro para ela. O tanto que se espantava quando alguém pensava tão diferente do que ela acreditava ser o correto. Ela estava certa em seu modo de pensar, assim como a outra pessoa também estava certa, dentro dos seus valores e história de vida.

- Nossa, o Sr. Eduardo precisa da minha ajuda para se manter no trabalho. Ele é um bom homem, bom pai, vejo sempre ele conversando com o filho e dando atenção para o garoto. Não sei o resultado do teste dele, mas concordo com você Soraia, deve ser algo parecido com Segurança. Como posso ajudá-lo sem ferir meus valores?

Ficou um tempo em silêncio pensando e de repente uma ideia surgiu: fazer um relatório que atendesse os valores dela e de seu chefe. Um relatório sem inventar números.

Planejou ir bem cedo ao escritório.

As amigas ficaram felizes por terem ajudado naquele momento e curiosas para saber o resultado final.

No dia seguinte, chegou a tempo de retirar a carta de demissão da mesa de seu chefe e colocar no lugar um novo relatório.

Quando o Sr. Eduardo chegou, a chamou em seguida.

- Sophia, pode me explicar este relatório?

- Sr. Eduardo, analisei o mercado financeiro e ele teve uma queda este mês de 2%, quando deveria ter um aumento de 8%, e as nossas vendas aumentaram 5% em relação ao mês passado. Mesmo sendo a nossa meta de 10% para o mês, diante disso achei melhor fazer uma comparação com o mercado e mostrar que apesar da crise, conseguimos crescer acima da média do mercado como um todo.

- Muito bom Sophia. Parabéns!

O Sr. Eduardo pegou o relatório e foi para a reunião com a diretoria. Quando voltou de lá estava com a aparência fechada. Chegou perto da Sophia e disse:

- Então, sabe o que acharam do seu relatório?

Sophia estava tensa com aquela expressão.

- Não gostaram?

Nesse momento ele sorriu e disse:

- Gostaram muito! Parabéns novamente! E quero pedir desculpas pelo pedido que te fiz ontem. Percebi que ficou preocupada. Pode ir tomar um café comigo?

- Sim

No café, ele começou a se explicar:

- Já tenho 52 anos e dois filhos, um de 17 e outro de 7 anos. E com a minha esposa desempregada, sou o provedor da família.

Pago cursinho, escola e todas as despesas da casa. Quando soube que, por causa da crise, haveria um corte de funcionários, fiquei desesperado. E ao ver o resultado do relatório mensal, fiquei cego e cometi um erro gravíssimo, te pedindo para alterar os números. Quase não dormi e acordei determinado a levar aquele relatório anterior e te pedir desculpas, quando fui surpreendido pelo novo relatório, o que me fez ficar com mais vergonha ainda do que pedi.

Eu tenho uma reserva financeira, pois penso na segurança da minha família, e tenho um bom curriculum, caso a empresa resolva me demitir, posso procurar outro trabalho com calma e agora com a consciência tranquila.

- Está tudo bem Sr. Eduardo. Aprendi que o importante é conhecer nossos valores e adequar nossas ações dentro deles. Fico feliz por saber que refletiu sobre isso e que encontrou outras alternativas para um possível problema.

Aliviada, Sophia passou o dia trabalhando com entusiasmo.

Ao chegar em sua casa, pegou o resultado do seu exercício e resolveu fazer um quadro dele para lembrá-la daquele dia e que quando tivesse um conflito similar, saberia que com soluções simples poderia resolvê-lo. Seria uma âncora (gatilho que desencadeia um estado emocional específico) para situações que achasse não ter solução.

17

Disclose – estado desejado de divulgação

O principal objetivo deste capítulo é demonstrar a criação de um plano estratégico para atingir o estado desejado, o que chamo de estado Disclose. Esse estado indica como queremos ser divulgados e reconhecidos por nós mesmos e pelo mundo na melhor versão do nosso EU

Suênia Machado Ribeiro

Suênia Machado Ribeiro

Graduada em Psicologia, com pós-graduação em Administração em Recursos Humanos, ambas pela Universidade Paulista (Unip). Atua há quase dez anos na área de desenvolvimento humano em multinacionais, com experiência principalmente em melhoria de processos e projetos estratégicos de RH. Também é *master coach* pela Act Coaching e pela Escola Superior de Coaching, com habilitação em *Leader Coach, Professional Coach, Behavioral Analyst, Life Coach, Team Coach, Executive Coach, Business Coach, Career Coach, Positive Coach, Performance Coach* e *Wellness Coach*.

Contatos
www.disclosecoaching.com
sueniamribeiro@gmail.com
@disclosecoaching
(11) 98209-9937

Quando nos encontramos com alguém que nos reconhece como semelhante, em razão da combinação perfeita entre sombra e luz, não existe espaço para julgamento e abre-se um caminho de entendimento positivo que considera o humano com um potencial de infinitas possibilidades que fazem parte da sua condição. A partir disso, é possível a aceitação recíproca de quem eu sou e de quem esse outro pode ser. Nesse encontro torna-se possível a ampliação do mapa mental dos envolvidos, ativando a criatividade para um vir a ser de forma diferente.

Venho percebendo ao longo dos anos, tanto na minha vida pessoal quanto em minha experiência profissional, que o divisor de águas na vida de uma pessoa é ter alguém que acredita nela. Isso fortalece sua confiança em si mesma, e então ela passa a considerar que existem outras opções de viver, de se comportar, de falar, de sentir e percebe que já tem tudo isso dentro de si, que só estava adormecido, limitado por "verdades" aprisionadoras que distorcem a autopercepção.

Não necessariamente essa outra pessoa precisa ser um profissional. Pode ser um amigo, um parente ou mesmo um chefe. Qualquer um com empatia pode ter o poder de despertar o desconhecido dentro de nós.

Porém, quando chamamos esse processo de *coaching*, além do que já foi citado, também há foco na melhoria de performance, com base nos objetivos do *coachee* (cliente). O processo acontece dentro de uma parceria dinâmica que utiliza um conjunto de técnicas e ferramentas que facilitam o alcance de resultados incríveis, proporcionando expansão no desempenho pessoal e produtividade profissional.

Nesse contexto, criei o método Disclose. Escolhi essa palavra inglesa, que significa "divulgar, revelar, descobrir, expor ou abrir-se", por acreditar em um processo guiado pelo desejo do cliente em atingir um estado desejado, o que chamo de ponto Disclose. É nesse estado que ele se divulga/se revela para si mesmo e para o mundo de forma surpreendente, como sempre sonhou.

Em vez de trabalhar do ponto A para o B, comumente conhecido no *coaching*, criei um plano estratégico do ponto D para o A. O estado A, além de ponto Atual, também é reconhecido como estado de Ação, já que é no presente que trabalhamos/focamos para que o estado Disclose seja uma realidade.

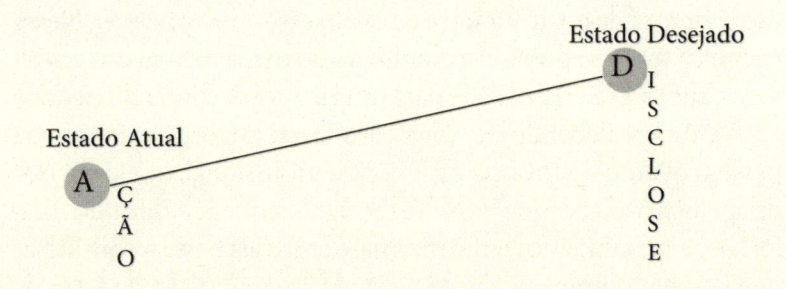

Estado Desejado
D
I
S
C
Estado Atual   L
A   O
 Ç   S
 Ã   E
 O

Para chegar ao estado Disclose, o *coachee* precisa permitir a si mesmo dentro do processo, para gerar o autoconhecimento e a consciência da sua realidade atual. Por meio de uma parceria empoderadora entre *coach* e *coachee*, é desenvolvido um plano de ação que possibilita a mudança da autopercepção e da performance do *coachee* para o alcance de resultados extraordinários.

Esse método é uma forma de pensar o processo de *coaching* aplicado em todos os nichos e também em demandas individuais ou em grupos.

Agora, descreverei o passo a passo da ferramenta Disclose. Eu a utilizo de diferentes formas com meus clientes. Na maioria das vezes, aplico uma sessão para cada passo, mas também é possível usá-la como fechamento do processo, como plano sugerido pelo *coachee* de como seguir com autonomia após o término do *coaching*.

Primeiro passo: missão de vida

Quando comento sobre resultados extraordinários, estou me referindo a resultados sustentáveis em longo prazo e acredito que eles são possíveis quando estão vinculados a um propósito existencial, pois assim geram real sentido e motivam a ação, criando um alicerce que justifica e norteia a vida.

Ao longo de todos os passos, o autoconhecimento tem papel fundamental, pois ter consciência de si mesmo é um ato de maturidade, de amor próprio, de autoestima e de aceitação. A partir disso é possível entender a condição de ser humano e se reconhecer no outro. Com isso, facilita-se a suspensão de críticas negativas sobre si e sobre as outras pessoas, passando a considerar a possibilidade da intenção positiva por trás de comportamentos e acontecimentos em geral, mudando a relação interna e externa de mundo para uma visão mais altruísta – entre você consigo mesmo, você e os outros, você e o mundo e os outros e o mundo.

Nesse sentido é definido o propósito de vida do cliente. Existem várias técnicas com esse objetivo, baseadas em talentos, habilidades, contribuição, evidências, sentimento de realização, entre outros.

Segundo passo: estado Disclose

Esse é o momento de usar a criatividade, sair do lugar comum e ousar ir além. A permissão interna de *coach* e *coachee* faz-se necessária nesse processo para que exista liberdade de sonhar e explorar o potencial máximo do cliente na construção da sua melhor versão.

Parece simples, mas não é! Geralmente sabemos o que não queremos, mas não temos claro aquilo que queremos, focamos em quem não queremos ser ao mesmo tempo que nos acostumados com a insatisfação da situação atual e muitas vezes acreditamos que não é possível sair dela.

E quando nos deparamos com as perguntas: "o que exatamente você quer ser?" ou "como você quer se divulgar para si mesmo e para o mundo?" Surgem muitas dúvidas, e elas são relacionadas ao medo de sofrer com a possibilidade da frustração de não conseguir ser quem gostaria, fortalecida pela falta de segurança e confiança.

A falta de autoconfiança é uma característica incapacitante, pois muitas vezes limita a pessoa de se lançar nas oportunidades e põe em risco as chances de sucesso.

Por isso, o *coach* precisa empoderar seu *coachee*, incentivando uma transformação no seu estado interno (pensamentos, emoções e sentimentos responsáveis pela nossa maneira de ser e de agir) para a mudança de sua autopercepção, a fim de que amplie e fortaleça a visão dele sobre si mesmo, fazendo-o se revelar com autenticidade, por meio da definição de objetivos ousados, mas possíveis. Para definir os objetivos, podem ser usadas várias ferramentas, sendo a SMART uma ferramenta muito utilizada nos processos.

Terceiro passo: continuar fazendo

Aqui é avaliado o que já estava sendo feito pelo *coachee* que o aproxima do seu estado Disclose e como ele pode reforçar/potencializar essas ações e comportamentos.

Nesse passo também pode ser feito um *overview* da vida do *coachee* para identificar se, em algum momento, ele já esteve próximo do estado Disclose, avaliando quais recursos internos já foram usados no momento e reutilizando-os com uma visão reformada.

A intenção não é focar no passado do *coachee*, pois isso seria limitar sua perspectiva de futuro, mas tirar proveito de seu aprendizado com as experiências anteriores.

No entanto, é importante mantê-lo sempre consciente da importância de seu passado, já que, por ele, foi sendo construído ao longo da vida, por meio das próprias experiências ou das experiências das pessoas a seu redor, da cultura que vive, da família, da escola, da igreja, etc., criando e aprendendo crenças fortalecedoras e crenças limitadoras que resultaram em quem ele é.

O grande desafio é perceber e reagir ao fato de que não somos condenados a ser o que nossa história espera que sejamos. Os rótulos não podem nos definir. Temos dentro de nós tudo o que precisamos para nos reinventar e recomeçar, com a decisão de tomar as rédeas da nossa vida e mudar nossa história.

Como diz o Anthony Robbins, "são suas decisões, e não suas

condições que determinam seu destino". É preciso ousar, acreditar, quebrar padrões e permitir-se ir além.

Quarto passo: há obstáculos?

Em sua maioria, obstáculos e impedimentos são fruto de mapas de mundo limitados. Por isso, é muito importante identificá-los, para criar um plano visando minimizá-los, e trabalhar para que seja possível a descoberta de novos caminhos e alternativas.

O *coach* facilita o entendimento para que o *coachee* amplie sua forma de enxergar os acontecimentos e os sentimentos que considera apenas como negativos, a fim de que ele perceba que em tudo existe uma intenção positiva de aprendizado.

Trago como exemplo o medo. Ele é essencial para a preservação de nossa vida e espécie, mas, às vezes, é irracional, paralisa nossa evolução e não nos deixa fazer diferente, sair do *script*.

Ouvi de um amigo uma história relacionada a esse tema que fez muito sentido para mim. Ele contou que muitas vezes na nossa vida precisamos apenas acender a luz do trem fantasma para descobrir que o esqueleto é de plástico e não causa mal nenhum. Isso já aconteceu com você?

Consigo identificar várias situações, tanto na minha vida pessoal como nos processos com meus clientes, em que, quando acontece o enfrentamento do medo, é percebido que ele não existe; trata-se apenas de fruto da nossa imaginação. Mas que força tem nosso pensamento, não? Por isso é importante vigiar, para que não sejamos conduzidos por percepções distorcidas.

Quinto passo: estado de Ação

O presente é o único momento em que existimos. O passado é importante para o aprendizado, mas já acabou; a única coisa que podemos fazer com ele é ressignificar nossas experiências. Já o futuro é sonho, uma projeção, ou seja, se não buscarmos nem focarmos no que queremos, o estado Disclose será apenas imaginação.

Essa é a última etapa, que chamo de estado atual ou estado de ação. Ela reforça que é no aqui e agora que precisamos agir para conquistar o futuro desejado. Esse é o momento de concretização do plano de tarefas, momento de pensar no que vai ser feito de diferente daquilo que já estava sendo realizado, para acelerar o alcance dos objetivos, considerando mudanças de postura, atitude, pensamento e ações com máximo nível de detalhamento, incluindo prazos para a realização de cada mudança.

É essencial para a garantia dos resultados o comprometimento do *coachee*. Por isso, a definição dos objetivos no estado Disclose precisa estar muito clara e fazer sentido para ele a ponto de afetar seu movimento interno. Não adianta traçar um plano com ideias legais ou prometer para os outros o cumprimento do plano se não houver comprometimento pessoal com o próprio sucesso.

Em todas as etapas, o *coach* precisa fortalecer o conceito de tirar o cliente da posição de vitimização para assumir o protagonismo de sua vida, notificando sempre que a responsabilidade de colocar o planejamento em prática é exclusivamente dele.

Outro ponto importante para sustentar esse plano é usar a missão de vida como bússola, gerando direção para o *coachee* seguir em frente alicerçado em uma visão macro que o guie para que ele não se desvie do caminho. Para finalizar a quinta fase, falta apenas alinhar as expectativas de como serão evidenciados os resultados, visando não gerar ansiedade ou frustração no processo.

Agora que conhece meu método, convido você a utilizar a ferramenta Disclose para também se divulgar da forma desejada. Basta escolher uma área de sua vida e seguir o passo a passo ilustrado na figura ao lado.

Referências
MARQUES, José Roberto; RIBEIRO, Marta. *Vencendo desafios com coaching*. Goiânia: IBC, 2014.
ROBBINS, Anthony. *Desperte seu gigante interior – como assumir o controle da sua vida*. 26. ed. Rio de Janeiro: Best Seller, 2015.
SELIGMAN, Martin. *Felicidade autêntica*. Rio de Janeiro: Objetiva, 2009.

Suênia Machado Ribeiro | 223

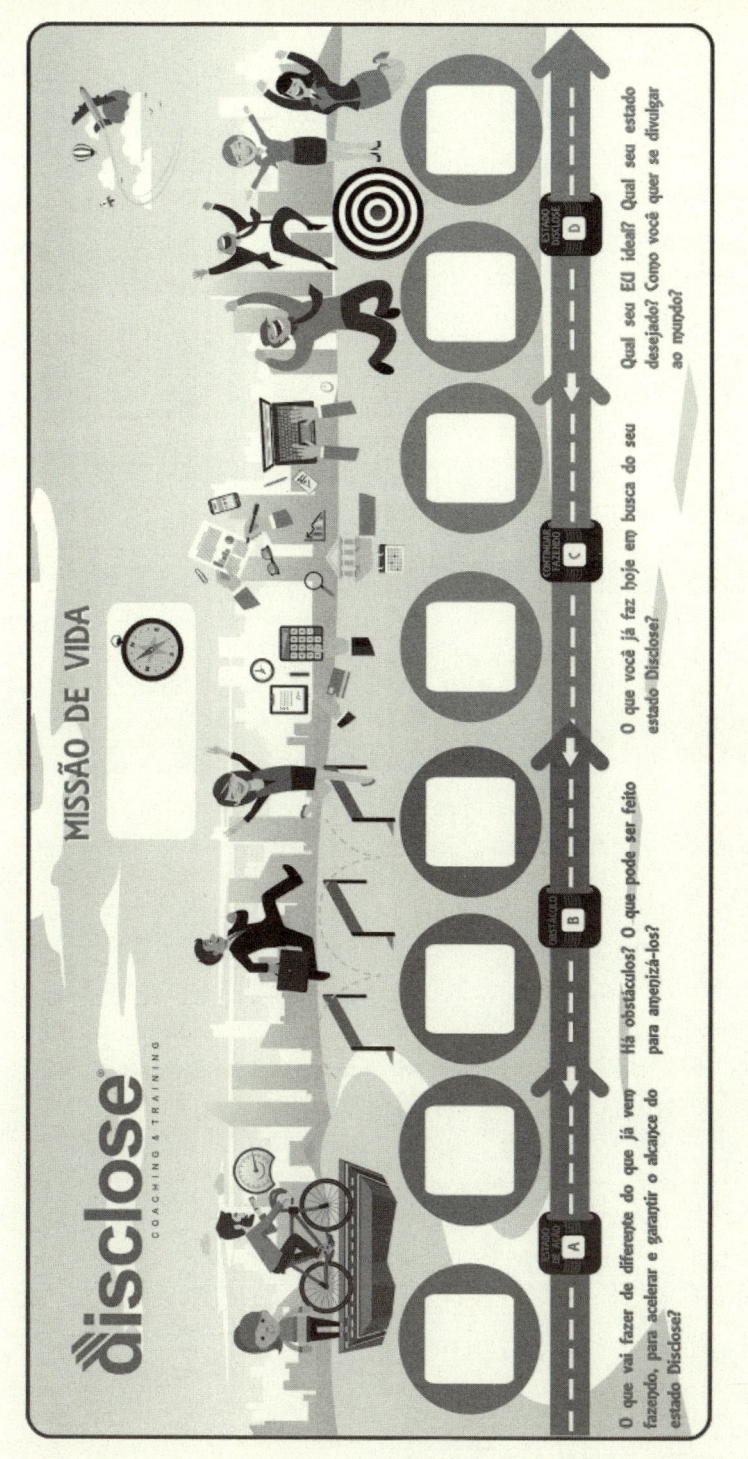